아이디어 뱅크 전수식의 희망 에세이

전수식의 마산사랑 이야기

도서출판 경남

| 책을 펴내며 |

몇년 전 40대 후반의 나이에 25년 동안 젊음과 열정을 불살랐던 공직을 미련 없이 내던지고 새로운 길을 나섰습니다. 편하고 단단한 길 놔두고 왜 좁고 험한 길로 들어서냐고 만류하던 분들도 많았지만, 그쯤에서 또 다른 삶에 도전하고픈 생각이 망설임을 과감히 눌러 주었습니다.

그리고 다가온 실패…….

하지만 실패는 절대 홀로 오지 않는다는 사실을 나는 알고 있습니다. 실패와 희망, 위기와 기회는 항상 공존하며 그중에서 무엇이 선택될 것이냐는 저마다의 의지와 실천력에 달려 있지 않겠습니까?

17살이던 1973년, 가난 때문에 선택한 공고 3학년의 어린 나이에 당시 한국을 대표하는 섬유회사였던 한일합섬에 실습생으로 취직하면서 마산과 첫 인연을 맺었습니다. 하루 14시간의 고된 노동이 심신을 지치게 했지만 대학 진학의 꿈을 키웠고, 대학에 들어가서는 공직을 목표로 또다른 세계에 도전했습니다.

새로운 세계나 가치에 도전하지 않으면 직성이 풀리지 않는 성격 탓도 있지만, 한번 시작한 일을 중도에 어렵다고 포기하면 험한 세상을 살면서 종국에는 인생의 낙오자가 될 수밖에 없다는 위기감이 나를 계속 채찍질하게 했고, 다행히 3년의 준비 끝에 공직의 길을 걷게 되었습니다.

1년간의 수습기간 중에 만난 동기생들은 학벌, 가족관계, 재산 등 모든 면에서 나와는 차원이 달랐고, 그들과의 경쟁에서 이기기 위해선 뚝심과 성실함으로 일에 매달려야 한다는 판단을 했습니다.

나는 일을 하면서 요령을 피우거나 꼼수를 부리지는 않습니다. 남보다 먼저 출근하고 늦게 퇴근하면서 우직하게 일과 부딪쳤고, 특히 남이 피해가는 일은 먼저 달려들어 해결했습니다. 소위 공직에서 말하는 목 좋고 물 좋은 보직은 별로 좋아하지도 않았습니다.

경남도청에서는 주로 기획 · 경제분야에서 근무했는데, 밤샘 근무는 예사였습니다. 남들은 기피하는 부서였지만, 내게는 능력을 발휘할 수 있는 좋은 보직이었습니다. 내가 만든 정책이 320만 도민의 생활에 깊은 영향을 미치고, 지역발전의 밑그림을 그린다는 자부심은 정말 무엇과도 바꿀 수 없는 소중한 것이었습니다.

남이 하기 싫어하는 일을 많이 해서 그런지 지금도 어떤 골치 아픈 일이나 민원에 부딪혀도 불안해 하거나 두려워하지 않습니다. 그래서 일에 대해서 만큼은 겁 없이 부딪치는 편입니다.

아무리 어려운 일이라도 그 해법은 반드시 있기 마련입니다. 우선 좀 편하고 쉽게 가기 위해 술수를 부려봐야 그게 더 손해라는 걸 경험을 통해 터득한 셈입니다.

그러나, CEO는 일을 함에 있어 경중과 완급을 가려서 정책 결정을 하는 지혜를 가져야 합니다. 그래야만 타이밍을 놓치지 않고 비용도 줄이게 되기 때문입니다.

마산이 어떤 도시입니까?

3 · 15의거와 부마민주항쟁으로 우리나라 민주주의 역사에 새로운 물줄기를 바꿔놓은 정의로운 도시입니다. 우리나라 산업화의 효시인 자유무역지역과 한일합섬에 전국의 근로자가 몰려들었고, 도시는 생동감으로 넘쳐흘렀습니다. 1970~80년대에 오동동과 창동은 작업복을 입은 근로자로 물결쳤습니다. 인구는 50만을 넘었고 전국 7대 도시라는 자긍심과 함께 시민들은 행복했습니다.

그런데, 1990년대 이후 지난 20여 년 동안 마산은 끝 모르고 추락을 계속해 왔습니다. 마산부시장으로 재직하면서 구체적으로 들여다본 마산은 충격 그 자체였습니다.

어두운 밤거리, 한 집 걸러 문을 닫은 점포는 마산의 실상을 보여주는 생생한 증표였고, 시민들의 얼굴엔 생기가 사라지고 없었습니다. 마산을 대표했던 기업은 문을 닫거나 타 도시로 옮겨 갔고, 중고등학교의 학력수준도 창원에 비해 크게 뒤처져 버렸습니다. 인구도 계속 줄어 이제 40만 명을 지키기에도 힘들어 보입니다.

그 당연한 결과로 부동산 자산가치는 10년 전에 비해 반 토막이 나버렸고, 시민들은 가만히 앉아서 재산을 잠식당해 울분을 삭이고 있는 중입니다.

새로 들어온 며느리가 알뜰하면 집안의 재산도 모이고 가정도 화목해지기 마련입니다. 살림살이의 이치는 가정, 지역사회, 국가가 다 똑같습니다. 마산이 이토록 어려워진 이유가 무엇이라고 생각합니까? 원인을 분석하고 고민하면서 내 나름대로 내린 결론은 의외로 단순합니다. 이 도시를 다른 도시와 제대로 차별화하지 못했다는 것입니다.

마산은 사람으로 치면 기초체력이라 할 수 있는 제조업 기반의 경제력이 취약합니다. 때문에 젊은층의 고용도 줄고, 덩달아 소비도 줄어들어 도시는 계속 내리막길을 걸어온 것입니다.

그런데도, 체력보강이라 할 수 있는 기업유치는 거의 없고, 인구는 감소하는데 주택용지와 상업지역의 공급만 늘려왔으니 도심은 공동화되고, 부동산을 비롯한 시민의 자산가치가 급속히 하락해 온 것은 당연한 결과입니다.

마산을 얘기할 때 흔히들 창원과 비교를 많이 합니다.

창원의 비교우위는 인정해야 합니다. 그러나 지난 20년 동안 교육과 문화 · 예술에 대한 투자만이라도 확실히 차별화해서 집중 투자했더라면, 마산시민이 줄줄이 창원으로 주소를 옮겨가지는 않았을 것입니다.

내 글쓰기는 마산에 대한 이런 안타까움에서 시작되었습니다. 한편으론, 그래도 지방행정에 25년이나 몸담은 사람이 자신이 사는 마산에 대해 대안도 없이 쳐다보고만 있었던가 하는 자괴감에서였다고 할 수도 있습니다. 마산의 각종 사업이나 정책들이 추진될 때, 유심히 살폈다가 그 방향이나 동기가 잘못되었다고 생각되면 그때 그때 글을 써서 블로그에 올리기도 하고, 더러는 신문에 기고하기도 한 글입니다.

이제 이 지역은 마창진 통합이라는 새로운 거대한 물결이 밀려오고 있습니다. 21세기는 도시의 경쟁력이 국가의 경쟁력을 좌우하게 됩니다. 오래 전부터 논의되어 왔던 통합이 가시화되면 또다른 기회가 펼쳐지게 될 것입니다. 이 기회를 잘 살려 세계 속에 웅비하는 전국 최대 · 최고의 자치단체로 자리매김하기를 기원합니다.

특히 마산은 상대적으로 낙후되어 있어 이번 호기를 잘 활용하면 잃어버린 옛 명성을 다시 찾을 수 있습니다. 통합도시에서 마산은 하나의 작은 몫에 불과할지 모르지만 이 책에서 제시한 사례들이 참고가 되었으면 하는 바람입니다.

나는 마산을 사랑합니다.

젊은 시절 꿈과 희망을 키웠던 곳도 이곳 마산이고, 때로는 좌절과 인생의 쓴 눈물도 흘리면서 지금까지 마산에서 살고 있습니다. 앞으로 내 인생의 마지막도 이곳 마산에서 보낼 것이기 때문에 나는 내가 사는 마산을 좋아하고 사랑합니다.

지금은 비록 마산이 어려움에 처해 있지만, 그 누구도 마산의 뿌리를 흔들지는 못할 것입니다. 민들레의 꽃잎이 다 날아가도 결코 민들레의 뿌리를 훔쳐가지는 못하듯 말입니다. 나는 마산의 잠재력을 잘 알고 있고, 마산시민의 저력을 믿습니다.

마산은 분명 새로운 희망의 역사를 쓸 가치가 있는 도시입니다. 쓸쓸하고 빛바랜 남도의 작은 항구가 아니라 분주하게 공장이 돌아가는 도시, 또한 문화와 예술, 교육이 한데 어우러진 품격 있는 도시가 바로 내가 꿈꾸는 마산의 모습입니다. 마산을 사랑하는 모든 이들에게 부끄러움을 무릅쓰고 졸필을 바칩니다.

이 책 출판에 많은 도움을 주신 이달균 시인과 고한섭 선배께 깊이 감사드립니다. 그리고 신문에 기고할 때마다 조언과 격려를 해 준 《경남신문》 조용호 이사께도 고맙다는 말을 전합니다. 옆에서 용기와 격려를 해주고 세심하게 교정까지 해 준 아내에게도 고마움을 전합니다.

2010. 1. **전 수 식**

| 추천의 글 |

이 순 복 (전 경남대총장, 《경남신문》 회장)

전수식 부시장과의 인연은 학창시절부터 오랜 공직생활을 지내고 난 지금까지 30년 이상이다. 학창시절에는 사제지간으로, 사회에서는 공직과 대학에서의 각종 인연으로 그와 접할 기회가 자주 있었는데, 한마디로 군더더기 없이 솔직담백하고 항상 똑같은 모습을 보여주는 자랑스런 제자다.

대학에서 고시공부를 할 때, 아침 일찍 누구보다 먼저 도서관을 찾고 밤늦게 불을 끄고 도서관을 나서는 정말 성실하고 열심히 공부하는 학생이었다. 공직생활에서는 초년에 국세청, 부산시 등에 잠깐 근무했지만 대부분을 경남도청에서 기획관, 경제통산국장, 자치행정국장, 공무원교육원장 등 요직을 두루 거치면서 발군의 실력을 보여 주었다.

김영삼 대통령 재임 중에는 정부의 부름을 받아 청와대 행정관으로 근무하기도 했다. 내가 듣고 확인한 바에 의하면, 경남도청에서 전략기획과 경제에 관한 한 최고의 실력임을 인정받고 있다는 점이다.

특히, 관료들이 취약한 경제분야에 관한 마인드와 앞을 내다보는 능력은 탁월하다고 말할 수 있다. 지금은 보편화되어 있는 현상이지만, 그는 이미 15년 전에 경남도가 관내 농가들의 대일본 신선농산물 수출을 대행해 줄 경남무역을 직접 설립하도록 아이디어를 내고 산파역을 맡기도 했다.

또한 IT, BIO, 로봇 등 앞으로 국가를 먹여살릴 첨단산업육성을 위해 진주에 바이오밸리를, 마산에 마산밸리를 만들었고, 그 후 마산에 경남로봇거점센터를 유치하였다. 이런 첨단산업의 기초와 토대가 마련되어 있었기 때문에 국책사업인 로봇랜드 조성사업이 마산에 둥지를 틀게 된 것이다.

그리고, 사천 진사공단에 일본의 태양유전, BAT, SCANIA 등 많은 외국기업을 유치한 것도 그가 경제통상국장으로 재직할 때의 일이고, 그 밖에 20년 이상 방치되어 있던 통영 안정공단에 조선 관련업체들을 집중 유치해 오늘날 통영경제가 살아나도록 한 것도 그의 예견능력에서 비롯되었다.

《전수식의 마산사랑 이야기》라는 책을 읽어 보면서 나는 그의 마산에 대한 지극한 사랑과 일에 대한 열정을 알 수 있었고, 어려움에 처한 마산을 살릴 번득이는 아이디어와 솔로몬의 지혜가 가득함을 알 수 있었다.

전수식 부시장은 일상생활에서도 항상 모범을 보여준다. 은사나 친구들에게도 언제나 정성을 가지고 대하며 그의 언행은 처음과 같이 똑같다. 그리고 복선을 깔지 않고 솔직하고 친근하게 사람을 대한다. 그래서 그의 주변엔 항상 많은 사람이 모여든다.

지난 몇 년이 그에게는 와신상담의 어려운 시기였지만, 그의 의지와 일에 대한 열정을 보면 반드시 지역사회에 크게 기여하는 사람이 될 것이라고 나는 확신한다.

선생은 학문적 성취도 중요하지만 제자를 통해 이루는 기쁨이 더 큰 법이다. 전 부시장은 내가 자랑하는 제자임이 틀림없고, 그가 마산에 던진 화두와 해법이 이 지역사회에 크나큰 변화의 전환점이 되기를 희망한다.

| 추천의 글 |

정 두 언 (한나라당 국회의원)

저자 전수식과의 인연은 아주 오래 전이다. 행정고시 동기니까 30년의 세월이 다 되어 간다. 수습사무관 시절 1년간 함께 교육을 받으면서 기억에 남았던 것은 안경 너머에 숨어 있던 그의 날카로운 눈빛과 깡마른 몸매에도 불구하고 은근히 정 많고 속 깊은 친구라는 내 나름의 판단이었다.

그때 이후 우리는 공직생활을 하는 동안 서로 다른 장소, 다른 부처에서 일하면서 만날 기회가 별로 없었고, 전 형이 경남도정의 묵직한 일들을 탁월한 기획력과 추진력으로 빈틈없이 해내고 있다는 소식을 서울에서 간혹 전해들을 뿐이었다.

그 후 나는 젊은 나이에 공직을 박차고 나와 정치에 입문을 했고, 좌절과 기쁨을 함께 겪으면서 지금의 자리에 서 있다. 그러던 어느 날, 국회의원회관으로 찾아와 얘기를 나누던 중 그의 실패담도 듣게 되었다. 3년 전에 공직을 던지고 나와 새로운 도전에 나섰으나 뜻을 이루지 못했고 와신상담 재기를 위해 열심히 노력하고 있다는 것이었다. 그러면서 오랫동안 소식도 없다가 불쑥 찾아온 사람을 따뜻이 환대해줘서 고맙다는 말을 몇 번이나 했다.

실패의 경험을 일찍 맛본 나로서는 누구보다 전 형의 안타까운 심정을 이해할 수 있었다. 행여라도 내게 방해가 되지 않을까 염려하는 모습에서 그의 겸손함과 때 묻지 않은 진정성을 느낄 수 있었다.

실패한 사람에게 늘 그랬듯이 정치에는 여러 가지 경우의 수가 있으니까 용기를 가지고 최선을 다하면 반드시 문이 열리게 된다는 통속적인 위로밖에 할 수 없었지만, 그는 기쁜 표정으로 내 손을 굳게 잡았다.

그 후 간혹 서울 출장길이 있으면 들르기도 하고, 메일로 가끔 안부를 주고받으면서 내가 전 형에게서 받은 느낌은 매사에 끈기 있고 부지런하다는 점이었다.

그러면서 받아 든 책 한 권.

이 책에서 나는 그의 일에 대한 남다른 열정을 감지했다. 그리고 지방에 있으면서도 시대적인 마인드나 감각에 있어 누구보다 앞서가고 있다는 생각을 갖게 되었다.

사람이 자신이 원하는 일에 미칠 수 있다는 것은 얼마나 아름답고 고귀한 일인지 모른다. 일에 몰두하다 보면 보통사람이 전혀 예기치 않았던 새로운 결과를 가져오는 경우가 많다. 새로운 발견, 획기적인 발명은 한 가지 일에 미친 듯이 매달리는 데서 나온다. 그 일이 지역주민의 살림살이에 도움이 되는 길이라면 더욱 값지다.

지방자치는 전적으로 그 지방의 살림을 맡은 사람들의 손에 달려 있다. 첫 단추를 잘못 끼우면 옷을 잘 입을 수 없는 것처럼, 낭만적인 구호나 실현하기 힘든 장밋빛 약속만으로 그 지역이 잘살 수 없다. 우물쭈물하는 사이에 시민들의 재산은 줄어들고, 도시는 황폐화되어 간다.

마산은 3 · 15와 부마항쟁으로 역사의 물줄기를 바꾼 우리나라 민주주의 발원지이자 자랑스러운 성지로 널리 알려져 있다. 이곳에 둥지를 튼 한일합섬과 자유무역지역은 우리나라의 산업화를 선도하는 큰 젖줄 역할을 했다. 그런 마산의 추락은 외부의 여러 요인도 있었겠지만 차제에 내부적으로 반성할 점도 많을 것이다.

이 책을 읽으면서 나는 바로 그 해답이 여기에 있음을 감지했다. 책 속에 제시된 참신한 아이디어와 비전만 해도 마산의 미래는 밝고 희망이 보인다. 경남도정의 기획통, 경제통으로 통했던 전 형의 가슴속에는 현실에 대한 정확한 분석이 있고, 대안이 제시되고 있으며, 그것을 실현하려는 마산인 특유의 승부근성과 배짱이 엿보인다.

그리고 무엇보다 중요한 것은 그의 마산에 대한 지독한 사랑이다. 지금 마산에는 마산을 진정으로 사랑하면서 탱크와 같은 힘과 추진력으로 주저 없이 앞으로 달려 나가는 일 잘하는 사람이 필요하다. 추진동력이 떨어져 방향을 잃고 있는 마산호가 새롭게 닻을 올리기를 기대해 본다.

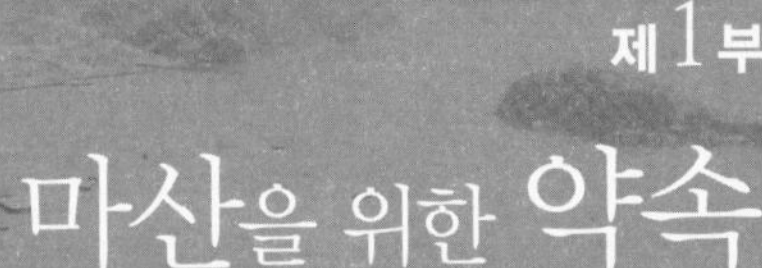

제1부 마산을 위한 약속

저의 신조는

일을 피하지 말고 현장에서 몸으로 부딪치며
해결하는 것과 현실에서 최선을 다하고 내려올 때
뒷모습이 부끄럽지 않게 일하자는 것입니다.

마산을 위한 약속

마산의 아들이고 싶습니다

저는 타지에서도 '마산' 이란 말만 들으면 가슴이 뜁니다. 기차를 타든 버스를 타든 마산에 진입하면 뱃고동 소리 같은 환청을 듣곤 합니다. 잔잔한 바닷바람에 절여진 짭조름한 갯내음은 이 도시 특유의 맛처럼 전해옵니다. 벌써 저의 옷깃 속에 가슴속에 온통 절여지고 배어 있습니다.

저에게 마산은 또 하나의 고향입니다. 세계적인 조각가 문신 선생은 일본 태생이지만 누가 뭐래도 마산이 고향입니다. 작곡가 조두남 선생도 평양 태생이지만 마산이 제2의 고향임은 누구나 다 아는 사실입니다. 작곡가 윤이상 선생 또한 산청 출생이지만 통영이 고향이듯이. 저 역시 합천이 낳아주었지만 마산은 꿈을 향해 나아가게 한 또 하나의 고향임에 틀림없습니다.

마산과의 인연은 1973년에 시작되었고, 공무원으로서 창원 등 타 지역에서 보낸 10여 년을 제외하면 대부분을 마산에서 생활하였습니다. 특히 시정의 중심이란 마산부시장을 2년간 지내면서 행정의 참모습을 낱낱이 파악하고 많은 문제를 해결하기도 하였습니다.

산업현장의 망치 소리가 요란하던 1970년대엔 한일합섬 근로자로, 다시 지식에 목말라 애태우던 때는 경남대학교 학생으로, 다시 더 큰 꿈을 향한 대학원 1년 때엔(1980년) 행정고시 합격이란 목표를 이뤄내었습니다. 그리고 1981년 4월에 수습사무관으로 첫 공직에 입문하기까지, 이 모두가 마산과의 인연의 끈이 힘이 되었습니다.

그러므로 마산은 저의 꿈이자 희망이며 제2의 고향인 것입니다.

한일합섬 근로자에서 도청 국장까지

저의 유년시절과 성장기는 가난했습니다. 물론 저 혼자만의 가난은 아니었습니다. 전쟁 이후 60년대를 보낸 4, 50대들은 대부분 보릿고개를 겪었고, 늘 끼니 걱정을 했습니다. 저 역시 그런 가정환경에서 자랐습니다.

저는 1956년 합천군 가회면 외사리 546번지, 몇 뙈기 농사를 짓는 전용택(부), 이순애(모) 사이의 3남 2녀 중 장남으로 태어났습니다. 가난했지만 공부는 잘했던 것으로 기억합니다. 가정 형편상 자칫 중학교 진학을 포기할 뻔하였으나, 6학년 담임선생님의 적극적인 지원으로 진주중학교에 입학할 수 있었습니다.

중학 3년간의 성적은 상위권이었으나 여전히 가난한 집안 형편 탓에 인문계 고등학교를 포기하고 당시 부산에 거주하던 삼촌의 권유로 학비 면제와 독일유학 가능성이 있다는 국립부산기계공고(당시 국립한독직업학교) 전기과에 진학하게 됩니다. 그리고 3학년 때인 1973년, 드디어 마산 한일합섬에 취직하게 됩니다. 당시 한일합섬은 국내 굴지의 일류 기업으로, 상위권 성적 덕분에 남 먼저 현장실습을 나왔던 것입니다.

한일합섬 근로자 시절

1970년대 초는 박정희 대통령이 민족중흥을 부르짖으며 수출입국을 통해 이를 달성하려는 의지가 매우 강력한 때였고, 당시의 가장 각광받는 수출품목이 섬유였으며, 그 최전선의 최고업체가 바로 한일합섬이었습니다.

저는 자부심을 가지고 입사해 방직2부에 배치되었고 열심히 일하며 직장생활에 적응해 나갔습니다. 늘어나는 수출물량을 맞추기 위해 매일 증설공사 현장에 투입되었고, 현장에서는 거친 망치소리와 함께 굵은 전선을 메고 이동하는 힘든 나날을 보냈습니다. 촌놈 기질과 긍정적 사고는 저를 지탱하는 최고의 무기였습니다.

그러나 젊고 혈기왕성한 청년에게 다가온 것은 끊임없는 학구열이었습니다. 근로자로 2년을 보내면서 대학에 진학하여 인생을 스스로 변화시키고 개척해 나가야겠다고 다짐하기에 이릅니다. 내가 벌어 공부한다는 신념 아래 1년간 예비고사와 본고사 준비를 본격적으로 해나갔습니다. 아침 7시 출근, 저녁 7시 퇴근의 12시간 근무 후, 새벽 2~3시까지 공부하는 주경야독의 생활을 이어갔습니다.

경남대학교 시절

혼자 벌어서 대학공부를 할 수밖에 없는 제약 때문에 직장인 마산을 벗어나 대학 진학을 할 형편이 아니었습니다. 그래서 당시 후기대학이던 경남대학을 지원, 경영학과에 합격합니다. 1학년 동안 야간근무를 하고 낮에는 학교에 나가는 주독야경의 세월을 보냈습니다. 이런 혹사로 인해 장티푸스도 앓았고, 몸은 극도로 쇠약해 178㎝의 키에 몸무게가 62~3㎏밖에 안될 정도로 건강을 해치기도 하였습니다.

3학년이 되면서 본격적으로 행정고시를 준비하기 시작했습니다. 공부가 잘 안될 때는 새까맣게 탄 얼굴에 농사일에 매달려 있는 부모님을 가끔 찾아가서 흐트러진 마음을 다잡기도 하며 의지를 불태웠습니다.

자취방, 대학도서관, 인근 암자 등을 전전하며 새벽 5시부터 밤 11시까지 3년간의 공부 끝에 대학원 1학년 때인 1980년 드디어 제24회 행정고시에 합격하였습니다. 이때도 수험서를 살 돈이 없어 빌려보거나 복사해서 공부해야 하는 어려움은 늘 따랐지만, 오히려 역경을 극복하는 힘을 배웠다고 자부합니다.

'도정의 기획통', '아이디어 뱅크'라는 닉네임을 얻다

행정고시에 합격 후 1981년 4월, 수습사무관으로 공직에 입문합니다. 지금은 마산시로 편입되었지만 구 의창군청에서 4개월, 지금의 창원세무서인 동마산세무서에서 2개월 등의 수습을 하며 마산시와의 인연을 이어갔습니다.

공무원의 특성상 인사이동은 많았습니다. 처음에는 국세청으로 발령을 받아 울산세무서와 제주세무서에서 총무과장과 부가가치세 과장을 맡아 3년간 근무했습니다. 다시 1984년에는 내무공무원으로 전직해 부산시청 평가계장으로 1년간 근무, 1985년에 경남도청으로 자리이동을 하게 됩니다.

경남도청에서는 공보계장, 공업계장, 상정계장, 세무조사계장, 기획계장을 거쳐 1992년도에 과장으로 승진, 법무담당관에 보임됩니다. 이후 세정과장, 지방과장을 거쳐 1996년에 서기관으로 승진, 기획관에 임명되었습니다.

1995년 법무담당관 시절, 당시 도지사로 부임한 김혁규 지사의 추천으로 도정발전기획단장직을 맡아 68개 과제를 발굴해 도정에 접목시킴으로써 그후 10년 도정의 밑그림을 그리는 막중한 경험을 하기도 합니다. 이로 인해 일선 시정과 도정이 어떻게 연관되고 매듭 지어지는지를 알게 됩니다.

이때의 역할로 인해 '도정의 기획 · 경제통', '아이디어 뱅크' 라는 자랑스런 닉네임을 갖게 됩니다.

1997년에는 청와대 비서실 행정관으로 1년간 근무하면서 행정과 경륜의 폭을 넓혔고, 다음해 다시 경남으로 내려와 도지사 비서실장, 경제통상국장, 자치행정국장을 역임합니다.

경제통상국장 시절에는 내외국인 투자유치와 해외시장 개척을 위해 20여 개국을 순방하면서 성과를 쌓았고, 또 향후 마산발전의 큰 성장동력이 될 마산밸리 설립에도 주도적인 역할을 합니다.

자치행정국장으로 있으면서 공무원 노조가 출범하고 이와 맞물려 극심한 대립이 계속되자 책임을 지는 차원에서 도지사의 만류에도 불구하고 공무원교육원장직을 자원하여 좌천성 인사이동을 하기도 하였습니다.

마산부시장으로 열정을 다하다

2004년 1월, 운명처럼 마산시 부시장으로 부임하게 됩니다. 이날부터 2006년 1월 18일 사퇴하기까지 만 2년간, 시의 발전을 위해 혼신의 힘을 다해 공직생활의 마지막을 불태웠습니다. 처음 마산 부시장의 업무를 시작하면서 '도정의 기획통', '아이디어 뱅크' 라는 닉네임을 뒤로 하고, 산적한 현안들을 정공법으로 맞서기로 하였습니다.

부시장으로 취임하자마자 먼저, 지역의 최대 현안이었던 진동면 인곡 〈생활쓰레기 소각장 건립문제 해결〉에 나섰습니다. 부임 당시 이미 3년 이상 끌어온 현안이었고, 진동의 건립반대 대책위원회 간부 몇 명이 사법처리를 받는 등 양측의 갈등의 골은 깊어 아예 대화 창구조차 없었습니다.

지역 최대 현안인 이 문제의 해결 없이는 정상적인 시정 추진이 불가능하다고 판단하고 시장의 양해를 얻어 문제 해결에 전력을 다하였습니다. 대책위원회 임수태 위원장을 비롯한 주민들을 끊임없이 방문하고 진솔한 대화를 통해 하나씩 하나씩 그 응어리를 풀어 나갔습니다. 이같이 정성을 다한 노력으로 마침내 해결의 창구가 열렸고 현재의 성공을 볼 수 있었던 것입니다.

그리고 시민들은 2005년 벌어진 마창진 시내버스 파업사태를 기억하실 겁니다.

당시 파업도 불사하겠다는 노조의 강행방침에 도지사와 해당부서 간부, 심지어 시장까지도 행정지원금을 올려주고 파업을 막자는 안을 내놓았지만 나는 끝까지 반대하고 원칙대로 밀고 나갔습니다. 시민의 발을 담보로, 행정기관으로부터 예산을 더 타내기 위해서 벌이는 시내버스 파업행위는 절대 용납할 수 없다는 소신을 굽히지 않았기에 가능한 일이었습니다.

노사문제는 노사가 스스로 타협을 통해 풀고, 나머지 행정의 지원이 가능한 부분을 요청하면 모를까 그렇지 않은 경우 아무리 어려움이 있더라도 행정이 굴복하면 안 된다는 신념이자 논리였습니다. 결국 시내버스는 12일간 파업을 벌였으나 행정에서는 전세버스 동원, 마산시 전 직원의 차량 교대 근무, 자원봉사자의 협조, 시민들의 적극적인 이해를 통해 이 문제를 원칙대로 해결하였던 것입니다.

세 번째로 부딪친 것은 시립예술단 노조의 파업사태였습니다.

노조는 2년마다 시행하는 오디션에서 탈락한 9명을 구제해 달라며 4개월간 시청 앞마당에 텐트를 치고 농성을 벌였습니다. 이 과정에서 일부에서는 시민들의 비난을 우려해 적정한 선에서 타협을 하도록 지시하였으나 나는 끝까지 원칙을 준수, 이들이 자진 철수를 하도록 하였습니다.

농성보다는 실력으로 승부해야 한다는 소신에 공감한 그들도 예술인다운 결론을 내려 4개월간 농성 장소로 사용했던 텐트를 스스로 걷었고, 이제는 본연의 음악활동에 전념하고 있습니다.

이제 공직에서 나와 자유인이 되었지만 지금은 나를 열심히 격려하고 후원하는 사람들은 바로 앞서 언급한 나와 부딪치면서 싸우던 사람들입니다. 그분들을 대할 때 적이 아니라 나의 일에 대한 열정과 진정성을 알아 주었기 때문에 지금도 좋은 관계를 맺고 있는 것 같습니다.

새로운 소명을 부여받다

나는 공직생활 25년 동안 한 번도 인사문제를 청탁해 본 적이 없습니다. 도 지방과장과 자치행정국장 등 인사 관련 부서 책임자로 있으면서도 단 한 번도 물의를 일으킨 적이 없습니다.

앞에서 밝혔듯이 경남도청 자치행정국장 재직 시 공무원노조와의 마찰로 노조에서 공무원징계, 경찰에 의한 강제해산 등으로 도지사 책임문제를 거론하자 문책성 인사를 자청, 도지사의 만류에도 불구하고, 당시 한직으로 여겨지던 공무원교육원장으로 이동하기도 하였습니다.

당시 사무실이 없어 어려움을 겪고 있는 공무원노조원들에게 도지사를 설득, 공무원교육원에 사무실을 내주기도 했습니다. 업무적으로나 법적으로는 노조와 대립관계였지만, 인간적으로는 한없이 친숙한 동료 선후배 관계를 유지해 오고 있습니다. 그 이후 당시 공무원노조 경남본부 임직원들은 지금도 긴밀히 교류하고 있습니다.

원칙은 지키되 너무 경직되어서는 안 된다는 것이 평소 내 생각입니다. 나의 신조는 거창하지 않습니다. 일을 피하지 말고 현장에서 몸으로 부딪치며 해결하는 것과 현실에서 최선을 다하고 내려올 때 뒷모습이 부끄럽지 않게 일하자는 것입니다. 그런 각오로 정년까지 11년이라는 기간이 남았는데도 현직을 미련 없이 내놓고 새로운 도전을 시작하였습니다.

마산은 옛 영화가 그리운 도시입니다. 그러므로 나의 소명은 누리는 영광보다는 일로써 승부하고 봉사하는 것이라 생각합니다. 지금까지 많은 사람들이 자신의 입신양명을 위해 그 직위를 이용하다가 시민들로부터 외면당했습니다. 일로써 승부하다가 시민들의 평가가 낮으면 미련 없이 던지고 가는 자존심을 가진 지도자가 되어야 합니다.

마산은 지금 방향을 잃고 방황하고 있습니다. 그런 만큼 많은 문제를 안고 있는 도시입니다. 이 점이 나를 도전하게 하였고, 또 다른 도전을 기약하게 합니다. 나는 지금 청춘의 한때처럼 설렙니다. 이 설레임을 제게 온 신의 소명처럼 뜨겁게 받아들일 것을 약속합니다.

現況圖
馬
山

제2부

살 만한 도시, 마산을 꿈꾼다

앞으로 도시는

소득수준과 쾌적성, 교육여건 및 문화적인 품격에 따라
인구가 이동되는 그런 시기가 곧바로 오게 된다.
즉, 도시의 경쟁력이 확보되면 많은 세금을 낼
각오를 하고서도 그런 도시로 인구가 몰리게 된다는 것이다.

마산을 마산답게 만들자

마산은 항구도시다. 마산시의 브랜드 슬로건도 꿈의 항만도시를 지향하는 "Dream Bay Masan"이다. 무학산 정상이나 학봉에 올라 바라보는 마산은 아름답다. 돝섬과 어우러진 마창대교는 한 폭의 동양화를 보는 것 같다.

지금은 없어진 신마산 발전소 인근에서 멱을 감고, 가포는 해수욕장과 함께 유명한 유원지였으며, 봉암에 있는 횟집에서 꼬시락을 먹으면서 마산의 정취를 즐겼다. 어시장 해변 쪽 홍콩바는 일상에 지친 사람들의 회포 푸는 소리로 왁자지껄했었다. 지금 나이 드신 어른들은 그때를 떠올리며 그리워하는 분들이 많다.

그러던 마산이 1970~80년대 개발의 중심에 서면서 자유무역지역 조성, 어시장과 신마산 주변의 해안매립 등이 이루어졌다. 지금은 마산 신항개발과 해양신도시 조성을 위해 가포와 신마산 등지에 대규모 매립이 진행되고 있다.

이처럼 도시화와 함께 대규모 개발이 이루어지다 보니, 마산 본래의 모습인 아름다운 해안선이 단조로운 모습으로 빛이 바래 버렸고, 해안 어디에도 시민들이 쉽게 접근할 수 있는 친수공간을 잃어 버렸다.

항구도시의 핵심은 우선, 선박의 빈번한 입출항으로 경제적인 풍요를 누리는 것이고, 다음으로는 바다의 싱그러움을 시민들이 가까이서 만끽할 수 있어야만 하는 것이다.

다행히 이런 점을 감안한 마산시가 핵심 발전 전략으로 삼고 있는 마산항 개발사업과 해양신도시 조성사업은 이 두 마리 토끼를 동시에 잡고자 하는 의욕적으로 추진하는 사업이다.

5선석의 대규모 컨테이너 부두 조성을 통해 그간 미미했던 마산 쪽 1, 2부두의 물동량 부족을 해소함으로써 마산 경제에 엄청난 부가가치를 안겨줄 것이다.

그리고 신마산 돝섬 앞에 인공섬 형태로 조성되는 40여만 평의 해양신도시는 쾌적한 수변녹지공원 등을 갖춤으로써 항구도시에 사는 마산 시민이 바다와 쉽고 친근하게 접근할 수 있는 공간이 마련된다는 점에서 큰 의미를 지니고 있다.

그러나 이런 수변공원을 거니는 기쁨은 아직도 많은 시일이 걸리기 때문에 시민들로서는 아쉬움이 많다. 몇해 전 태풍 매미로 인해 많은 인명과 재산 피해를 입었던 마산을 방재시범도시로 만들기 위한 노력이 현재 진행 중이다.

신마산 제1부두에서 봉암교에 이르는 해안변을 시민들이 접근하기 좋은 친수공간을 만들면서 동시에 해일 등 재난에 대비하고자 하는 사업이다. 이 사업이 법적인 근거를 마련해 국 · 도비 지원이 되면, 마산은 추진 중인 해양신도시와 함께 쾌적한 해변공원을 겸비한 도시가 된다.

그러나 전체 규모에서 2천여억 원이 들어가야 하는 이 사업이 현재 진행되는 상황을 보면 그렇게 쉽게 손에 잡힐 것 같지는 않다. 그렇다면 우선, 방재시범도시 지정이나 해양신도시가 조성되기 전이라도 이 해안선에 단 몇 개의 지점이라도 거점 형태의 시민 휴식을 겸한 해안 녹지공원을 조성하고, 이들을 연결하는 해안 산책로를 만드는 작업을 해보면 어떨까? 거기에다 예쁘게 디자인된 풍차 가로등에 꽃바구니라도 걸려 있으면 더 금상첨화일 것이다.

예산이나 기존 시설물과의 관계 등에서 많은 문제가 있겠지만 불가능한 것은 아니라고 본다. 난관은 해결하고 극복해 나가기 위해 존재하는 것이다. 점차 맑아지고 있는 마산 앞바다와 함께 해변공원을 산책하고 자전거를 타는 시민들의 모습을 보고 싶다. 이것이 바로 항구도시 마산이 가진 본질이고 차별화된 가치라고 나는 생각한다.

마산 상권의 활성화를 위한 제언

요즘 주변을 둘러보면 한결같이 어렵다고들 한다. 지금의 경제위기는 사실 미국이 제공했는데도 몸살은 한국이 더 앓고 있다. 우리의 체질이 대외개방을 통해 먹고 살 수밖에 없기 때문에 당연하다고 쳐도 사실 좀 억울한 측면이 있다. 심지어 IMF 때보다 더 어렵다고 아우성이다.

내가 살고 있는 마산은 엎친 데 덮친 격이다. 지난 20여 년간 공공기관과 기업이 떠나가고, 인구도 10만여 명이 줄었으며, 거기에 이번 경제한파를 맞으니까 그 강도는 더욱 심한 것 같다. 택시영업을 하는 사람,

시장에서 물건을 파는 사람, 부동산으로 먹고사는 사람 등 어느 누구도 여유로움은 없고 빠듯한 살림에 허리를 펴지 못한다. 특히, 장사를 하는 사람들의 반응은 가히 폭발 직전이다.

그러면 마산이 제대로 도시의 기능을 하면서 상권이 활성화되려면 어떻게 해야 할까?

원인진단이 바로 되면 그 대책은 나오게 된다. 마산의 전성기는 대개 1970~80년대의 20년으로 보면 될 것이다. 그 당시 인구는 50만을 넘었고, 구청도 2개가 있었다. 지금의 도시계획도 그 당시의 인구 규모에 맞게 주거지역과 상업지역으로 지정되어 오늘에 이르고 있다.

여기서, 관내의 주요 소비층인 기업이 늘어나고, 인구가 증가하면 당연히 주택수요와 소비수요가 증가되어 시내는 장사가 잘 되고, 집값도 올라가는 등 경제의 선순환이 이루어지게 된다.

그런데 실상은 거꾸로 기업과 공공기관이 떠나가고, 인구는 계속 줄어들어 주택과 소비수요가 감소하는데도 장사를 할 수 있는 상업지역은 신도시의 개발로 계속 늘어났으니 장사가 안 되고 부동산값이 하락하는 것은 너무도 당연한 결론인 것이다. 벌이도 시원찮은데 시민들은 가만히 앉아서 자신의 재산을 까먹고 있었던 셈이다.

인근의 창원시도 인구가 정체상태인데, 신규로 상남상업지역을 개발하니까 창원의 중심 상업 지역이었던 중앙동이 완전 침체일로를 걷는 것과 똑같은 이치다.

여기서 마산의 상권이 살아나려면 다음의 몇 가지 조건이 충족되어야 한다.

우선, 소득을 창출하는 젊은층이 이 도시로 유입되어야 한다. 왜냐하면 이들이 주택, 소비, 교육 등의 주된 소비층이기 때문이다. 젊은 세대를 도시로 유입하는 최고의 방법은 기업, 그것도 제조업의 유치가 가장 확실한 방법이다.

그런 측면에서 성동격서聲東擊西라는 고사와 함께 나무도 보고 숲도 보라는 말을 하고 싶다. 외곽도 공략하고, 상가 자체의 내실도 다져 나가야 한다는 취지다. 즉, 마산의 중심상권이 살아나려면 마산외곽에 대규모 산업단지가 조성되어 기업이 들어와야 한다. 기업이 들어와야 고용이 늘어나고, 이들이 가족과 함께 시내에 나와서 쇼핑을 해야 그 도시가 살게 된다는 말이다.

두 번째로, 각종 상인회나 장사를 하는 개인은 시민들이 편리하고 안전하게 쇼핑을 하고, 외식을 할 수 있도록 주차문제 해결, 보행여건 개선, 주변 환경 정비, 친절도 향상 등의 자구노력을 지속적으로 추진해야 한다.

마지막으로 행정기관은 쾌적한 도시환경을 가꾸는데 힘써 나가는 한편, 더 이상 상업지역의 확대는 인구가 늘어나지 않는 한 금지해야 한다. 보행자 우선의 도로체계, 충분한 녹지와 주차 공간 확보, 도심광장이나 하천의 정비 등을 통해 살고 싶은 아름다운 도시로 만들어 나가야 한다. 도시 전체에 디자인 개념을 도입해 건물 하나 공공시설물 하나에도 열정과 미적 감각이 묻어나야 한다.

여기에 덧붙여 획기적인 발상의 전환을 주문하고 싶다. 그리고 그 실행의 주체도 행정기관, 공직자들이 앞장서서 밀고 나가야 한다. 지역주민의 입장에서 마산 어시장의 상권문제를 얘기할 때 약방의 감초처럼 따라붙는 이야기가 있다. 그것은 어시장과 농산물 도매시장의 분리에 따른 식자재 구입의 불편이다. 즉, 농산물 도매시장이 내서로 이전함에 따라 어시장의 고객도 함께 줄었다는 것이다. 정확한 통계는 모르지만, 상당히 일리 있는 주장이고 현실적으로 이의 불편함을 호소하는 사람들이 의외로 많다는 사실이다.

그렇다면, 어떤 형태로든 이 두 시설의 통합 건립을 모색해야 한다. 방법은 추진하기에 따라 여러 가지가 있을 수 있다. 한 건물에 지을 수도 있고, 육지가 아닌 바다 위에 짓지 말라는 법 또한 없다. 기존 시설은 매각 또는 타 용도로의 전환 등을 모색하면 된다.

다음으로 내가 아는 어떤 지인의 말씀인데 이 또한 좋은 아이디어임에 틀림없다. 예컨대, 지금 추진하고 있는 어시장의 수족관 교체, 간판 정비, 비가림 천장공사는 미봉책에 불과하다는 것이다. 차라리 전체를 초기비용은 많이 들더라도 초 현대화해서 어시장의 쇼핑을 대형 할인점 수준으로 카트를 끌고 할 수 있도록 만들어야 경쟁력이 있다는 것이다. 그 지붕 옥상은 전부 주차장으로 만들면 된다. 그러면 과거 어시장의 영광을 분명 되찾을 수 있다는 얘기였다.

많은 영감과 교훈을 주는 말씀이고 새겨들어 방향을 잡았으면 좋겠다.

앞으로 도시는 소득수준과 쾌적성, 교육여건 및 문화적인 품격에 따라 인구가 이동되는 그런 시기가 곧바로 오게 된다. 즉, 도시의 경쟁력이 확보되면 많은 세금을 낼 각오를 하고서도 그런 도시로 인구가 몰리게 된다는 것이다.

위기는 뒤집어 보면 기회라는 말도 된다. 지금 마산은 새로운 도약을 향한 시험대에 올라서 있다.

문화 콘텐츠가 풍부한 도시를 만들자

미래학자 롤프 옌센은 그의 저서 《드림소사이어티》에서 문화 콘텐츠 산업이 21세기의 새로운 성장동력이 될 것으로 예측했다. 또한 영국작가 조앤 롤링이 쓴 총 7권의 소설 《해리 포터》가 전 세계에 4억 부 이상 판매되었으며, 영화로 제작되어 대박을 터뜨렸을 뿐만 아니라 캐릭터 상품을 포함해 330조 원을 벌었다고 한다.

우리나라가 지난 10년 동안 판매한 반도체 수출 총액이 230조 원인데 여기서 우리는 할 말을 잃게 된다. 미키마우스의 월트디즈니가 지난해 올린 매출이 무려 378억 달러(약 47조원), 순익은 44억 달러(5조

4,700억 원)라고 한다. 미키마우스 캐릭터 하나로 지난해 올린 매출이 6조 원이라고 얼마 전 유명 언론이 보도하고 있다.

이 사실이 시사하는 바는 대단히 크다. 21세기는 유형의 실체보다는 무형의 콘텐츠가 중요하다는 것이고, H/W보다는 S/W가 더 돈이 되는 시대가 도래했다는 사실이다. 영화배우 배용준과 최지우가 주연을 맡았던 〈겨울연가〉가 일본 중년 여성들의 심금을 울려 일본 내 한류 열풍을 촉발한 계기가 되었다.

어느 핸가 일본 출장을 갔다 돌아오는 비행기가 일본의 중년 여성들로 가득 찬 것을 보고 깜짝 놀란 적이 있다. 탤런트 이영애가 출연한 〈대장금〉이 중국, 베트남 등 동남아와 심지어 중동지역의 안방에도 깊숙이 침투해 있다. 이로 인한 한류 열풍과 관련 상품의 판매가 국익에 엄청난 도움을 주고 있는 것이다.

이것이 콘텐츠의 힘을 보여 주는 단적인 예들이다. 그러나 우리 앞에 놓인 실상은 그렇게 녹록하지만은 않다. 과학도 기초과학이 튼튼해야 장기적인 비전과 전망이 있는데, 국가나 자치단체, 또는 기업은 눈앞의 이익만을 좇아 당장 가시적인 효과가 있는 응용과학에만 매달린다. 그러니까 미국, 일본 등의 기술선진국과 비교해 볼 때 결정적인 순간에는 경쟁상대가 되지 않는다.

문화 콘텐츠의 경우에도 마찬가지다. 기업들은 당장의 수익성에 치우쳐 장기적인 안목이 결여되어 있고, 그나마 먼 미래를 봐야 하는 국가나 자치단체의 경우도 선출직의 특성상 임기 내 성과에 집착하다 보니까 설 자리를 잃고 있다. 애초에 싹이 자라지 못하는 풍토가 당연한 듯 자리 잡고 있는 것이다.

그러나 이제는 바뀌어야 한다. 미래의 경쟁력 확보라는 거창한 명분이 아니어도 좋다. 우리 삶의 형태나 수준이 풍부한 문화 콘텐츠가 구비되지 않으면 시민들로부터 외면받는 시대가 도래했다는 사실을 인식해야 한다.

마산은 알다시피 남도의 이름난 예향이다. 마산에서 태어나 성장하고 혹은 마산을 거쳐간 수많은 문화예술인들이 너무 많다. 그중에서도 음악가 조두남, 시인 노산 이은상, 조각가 문신 등 유명을 달리하신 분들도 있고, 영화감독 강제규, 만화가 방학기 등 현존하는 분들도 많다.

또한, 국립마산결핵병원을 거쳐간 수많은 문화예술인들과 6 · 25 때 피난을 오거나 그 밖에도 마산과 인연을 맺은 분들의 발자취가 많이 남아 있다.

이분들이 모두 마산의 엄청난 문화유산이고 콘텐츠의 보고다. 여기서 우리는 개인이나 분야별 특성을 살려 시의 도시를 만들 수도 있으며, 세계적인 조각비엔날레를 개최할 수도 있다.

캐릭터상품을 개발해서 판매도 하고, 영화로 제작하지 말란 법도 없다. 강제규 감독의 영화학교는 왜 안 되겠는가? 수많은 시인, 음악가 지망생의 요람을 만들 수도 있고, 대규모 문화 예술촌을 만들어 유명인을 마산으로 모이게 할 수도 있다.

마산을 스쳐간 분들에게 힘들고 어려웠던 시절의 작품 활동을 새롭게 조명해 줌으로써 마산을 다시 찾도록 만들어야 한다. 이들과 연계된 사람들은 또 얼마나 많겠는가?

프랭크 게리가 설계한 구겐하임미술관이 1년에 수백만 명의 관광객을 불러들여 쓰러져 가는 스페인의 빌바오를 살린 것도 바로 콘텐츠다. 그러나 안타깝게도 앞서 언급한 몇몇 분들에 대한 우리 지역에서의 평가는 분분하다. 물론 여러 가지 이유가 있을 것이고, 일정부분 인정할 점도 있다고 본다. 그리고 그분들에게 엄격한 도덕성의 잣대를 들이대는 것도 마산을 상징하는 인물로서 크든 작든 국가나 자치단체의 귀중한 혈세를 투입해야 하기 때문에 관여한다는 사실도 충분히 이해한다.

그러나 사람의 긴 인생 행로에 어찌 과실이 없겠는가?

어느 누가 이 세상을 살면서 한 점 부끄러움도 없이 살았다고 감히 자부할 수 있겠는가? 어차피 세상은 결점과 모순 투성이고, 크든 작든 죄를 지으며 살아가는 것이 사람이다.

여기서 말하고자 하는 것은, 이분들의 과실은 과실대로 공과는 공과대로 냉정하게 평가해서 그대로 기록에 남기면 된다는 것이다. 그렇지만 이분들의 문학적이고 예술적인 찬란한 업적은 우리가 널리 현창해서 이를 우리의 콘텐츠로 활용하고 마산 발전의 한 축으로 만들어야 한다.

우리는 기존질서에 안주해서는 절대 앞으로 나아갈 수가 없다. 끊임없이 변화하고 새로운 것을 추구하다 보면 어느 순간 우리는 찬란한 희망의 빛을 만나게 된다. 국가에도 그 위상에 맞는 국격이 있듯이, 지방자치단체도 제대로 된 품격을 갖추어야 한다.

소득이 높으면서도 환경적으로 쾌적하고 문화 콘텐츠가 풍부한 도시가 21세기의 경쟁력을 확보하게 될 것이다. 마산의 문화 콘텐츠가 풍부해지면 새로운 성장동력을 확보하는 셈이 된다. 그러면 결국 품위 있고 격조 높은 마산으로 사람들은 모여들 것이다.

마산 역세권 개발에 승부를 걸어야 한다

민자 유치가 한 방안이다

2011년이면 마산과 창원에도 KTX가 운행된다. KTX가 운행된다는 것은 단순히 새로운 대중교통수단이 하나 더 늘어나는 것 이상의 의미가 있다. 이 KTX 역세권을 잘 개발하면, 새로운 비즈니스 모델의 창출을 통해 지역 경제의 거점으로 자리 잡을 수 있기 때문이다.

정부는 지금 역점사업으로 추진하고 있는 4대강 살리기사업과 함께

KTX 역세권 개발사업을 중점과제로 추진한다고 한다. 정부는 '생생경제 국민아이디어 공모' 에서 한국교통연구원 오재학 박사가 제안한 'KTX네트워크 경제권 개발방안' 을 대상으로 선정하고, 앞으로 구체적인 실행방안을 만들어 추진한다고 한다.

오박사는 KTX 개통으로 지역간 이동성은 개선되었지만, 빨대효과로 인해 소비가 수도권으로 쏠리면서 지역경제가 위축되고 지자체 역세권개발도 지지부진해지는 부작용이 생기는 것을 방지하고자 하는 차원에서 출발했다. 그래서, KTX 역을 지역과 도시교통의 중심지로 개발하고, 국가차원에서 KTX 역세권을 지역별 특성산업 핵심지역으로 개발해 전국을 하나의 도시로 연결하자고 제안했다.

구체적으로는, KTX 역을 선진국형 대중교통 복합환승센터로 조성해 광역 간선교통과 도시 내 교통 간 환승체계를 구축하고, 주변지역까지 묶어 개발해야 한다는 것이다

이렇게 되면, 수도권과 비수도권의 공간적 구분이 없어지고, 전국이 단일 도시화되어 지역 간 경제불균형 해소와 사회통합에도 기여할 수 있다는 것이다.

여기서, 마산은 KTX 역세권 개발을 통해 중부경남 지역의 새로운 경제거점으로 자리 잡을 수 있는 절호의 찬스를 놓치지 않아야 한다. 마

산과 창원을 비교해 볼 때, 경제수준, 주거환경, 교육여건 등 어느 것 하나 비교우위에 선 것이 별로 없다. 이 사실을 아무도 부인하지 못한다.

다만, 교통의 접근성과 연계성만은 인근 창원보다 확실한 우위에 있다. 그것은 창원이라는 도시가 분지에 둘러싸여 그 접근성이 제한되는 특수성에서 오는 반사이익이라고 해야 할 것이다. 비록 그것이 마산이 인위적으로 창출을 했든, 지정학적인 특수성에서 오는 것이든, 마산은 그 이점을 충분히 활용해야 한다.

지금 KTX역을 마산과 북창원역에서 새로 짓고 있는데, 그런 측면에서 현재 도청 옆에 짓고 있는 북창원역은 비교우위가 결코 마산에 비해 높다고 할 수 없다. 그런데도 창원은 민자를 포함 총 1,100억 원의 역세권 개발투자를 계획하고 있다. 인근 진주는 3,800억 원을 투입해 역세권을 개발한다고 한다. 마산은 철도청의 신역사 신축 외는 다른 어떤 개발계획도 없고, 시에서는 이제 겨우 용역을 계획하는 등의 변죽만 울리고 있다.

KTX가 운행이 되면, 마산역을 이용할 인구는 적게는 100만에서 많게는 150만 명 정도로 추산할 수 있다. 중부경남 지역에서 서울을 갈 때, 비행기나 고속버스, 자가용을 이용하는 사람을 제외하고, 또한 북창원역을 이용하는 사람을 제외하면 모두 마산역을 이용하게 된다.

시외버스나 시내버스가 잘 연계되어 있거나 자가용을 이용하는 사람을 위해 저렴한 대형주차장을 확보하면 많은 경남의 주민들이 마산역을 이용할 것이다.

인근 창녕, 함안, 의령, 고성은 말할 것도 없고, 멀리 통영, 거제 주민들도 이용할 것이며, 심지어는 김해 진영, 창원 서부지역 주민들도 마산역을 이용하게 된다. 여기서 반드시 선행되어야 할 문제는 마산 시외버스터미널과 KTX 역을 통합해야 한다는 것이다. 그래야 인근 지역과의 교통연계성이 좋아져 이용 주민이 늘어나게 된다. 혹시 현재의 시외버스터미널 인근에서 사업하는 분들이 반대하는 걸 우려할 수도 있으나 이는 기우에 불과하다고 본다.

옮겨간 부지에는 그 지역을 살릴 수 있는 다른 프로젝트로 개발하면 된다. 예를 들면, 마산역이 활성화되면 경남 최고의 명품거리를 만들어도 되고, 시민이 즐겨 찾는 도심의 광장과 공원을 조성해도 된다. 개발방향은 지역 주민과 긴밀히 의논하고 연구하면 좋은 방안이 도출될 것이다. 우선 역세권 개발에서 포함되어야 할 사업은 대규모 역사, 대형주차장 또는 주차빌딩, 시외버스 및 고속버스터미널의 역사 내 이전, 쇼핑몰 등을 종합적으로 갖추어야 한다.

여기서 역사는 현행 철로 위든 그 뒤편이든 용역결과에 따르면 될 것이고, 역 앞 광장은 차량통행과 주차를 금지한 완전한 광장 겸 공원을 조성하고, 역사로 연결되는 차량은 전부 지하차도를 이용하도록 설계되어야 할 것이다. 그리고 현재의 번개시장을 현대화해서 지상 1층은 시장, 그 위로는 대규모 주차빌딩을 건설하면 인근 지역에서 KTX를 이용하는 사람들이 편리하게 이용할 수 있을 것이다. 그리고 부수적으로 현행의 시외버스터미널은 많은 시민의 의견을 수렴해서 새로운 도심의 명소로 가꾸어 나간다면 금상첨화가 될 것이다.

백화점이나 할인점들이 많은 고객을 유인하기 위해 손해를 보고 파는 상품이 있는데, 이를 미끼상품이라고 한다. 시장이나 주상복합건물, 쇼핑몰 등에도 고객이 많이 들끓는 대형마트나 할인점 같은 점포를 입주시키는데, 이를 핵점포라고 한다. 적절한 비유가 되는지는 모르겠으나, 마산도 대규모 민자를 유치해서 이와 같은 역세권 개발을 추진하여 성공할 경우, 마산 인구의 3~4배에 이르는 유동인구가 마산역을 중심으로 움직이게 되고, 결국 이것이 마산 경제를 살리는 하나의 첩경이 된다는 점에서 반드시 추진했으면 한다.

현재 마산의 재정여건상 자체 재원으로는 이런 종류의 사업을 추진할 수도 없고, 또 이 사업은 성격상 민자를 유치해서 해결하면 된다. 민간기업은 돈이 되는 사업은 어떤 형태로든 참여하게 되어 있다. 다만 행정에서 아이디어를 제공하고 바탕을 깔아주면 예상외로 쉽게 풀릴 수도 있다고 본다.

그러니까 타당성 용역이나 한다면서 시간을 끌게 아니라 민자공모부터 먼저 시도해 보았으면 좋겠다. 사업의 타당성 판단은 민간이 훨씬 더 빨리 잘할 수 있기 때문이다.

시기적으로도 이미 때늦은 감이 있다. 왜냐하면, 철도청에서는 이미 신역사를 발주해서 공사를 진행하고 있기 때문이다. 그러나 늦었더라도 이 사업은 반드시 추진해야 한다.

마산은 뭔가 부산하게 움직이는 도시가 되어야 한다. 활발한 움직임 속에 부가가치가 창출되고, 그것으로 먹고 사는 사람이 많아져야 도시가 활력이 있게 된다. 그것이 마산이 사는 길이고 앞으로 갈 길이다.

난관에 좌절해선 안 된다

신新 진주 역세권 개발계획에 따라 진주는 2012년까지 3,800억 원을 들여 99만㎡ 규모의 역세권 도시개발사업을 벌인다고 한다. 이 사업은 지역경제의 활성화와 도심 재개발을 통한 품격 있는 도시기반을 갖출 수 있으므로 어느 도시든 관심을 갖게 된다. 어쩌면 원하는 두 마리의 토끼를 다 잡을 수 있는 사업 모델이 아닌가 한다.

마산까지의 경전선 직 · 복선화사업은 예정보다 앞당겨 2011년이면 개통될 예정이고, 철도청의 계획에 따르면, 기존 마산 역사는 한국철도공사 경남지사 건물로 활용하고, 현재의 역사 뒤쪽 선로 위에 건물면적 5,933㎡, 지상 4층 규모의 새 역사를 짓는다고 한다.

그래서 이때쯤 KTX가 운행되면 마산역은 고속철이 운행되는 그저 그런 철도역의 구실만 하게 될 것 같다. 그러나 이렇게 되어서는 희망이 없다. 지금 마산은 없는 것도 억지로 만들어내야 할 만큼 절박한 상황인데, 잘하면 마산 발전의 호기가 될 수 있는 이처럼 큰 사업을 그냥 놓쳐버릴 수는 없다. 민자를 포함한 대규모 역세권 개발에 대해 위에서 언급하였다.

자주 언급하는 사실이지만, 마산이 창원에 비해 교통의 접근성만큼은 훨씬 비교우위에 있다. 창원은 지금의 도청 옆에 북창원역을 설치하게 되어 있는데, 중남부 경남지역 도민들이 KTX를 이용하려면 아무래도 마산역이 제격이다. 오히려 시내 · 외버스를 잘 연계하고, 멋진 쇼핑몰까지 갖추어 놓으면 팔용, 도계동 등 창원 서부지역과 진영 등 김해 서부지역의 주민들까지도 마산역을 이용하도록 유인할 수 있다. 그렇게 될 경우, 적게는 100만에서 많게는 150만 명이 이용하는 꽤 규모가 큰 중부 경남지역의 교통허브가 될 것이 틀림없다.

혹여 마산시 관계자들은 민자 유치의 불확실성과 사업의 성공여부에 대한 확신이 서지 않아, 소극적이거나 부정적으로 볼 수도 있을 것이다. 또, 시외버스나 고속버스터미널은 여러 이해관계가 얽혀 있어 집단민원의 우려가 있기 때문에 공론화하는 걸 꺼릴지도 모르겠다.

그러나 설사 어려움이 있다 하더라도 마산경제에 큰 도움이 된다면 어떤 난관이 있더라도 일단 도전해 봐야 하지 않겠는가! 그리고 민자 유치 여부와 그 사업의 타당성 여부는 기업들이 제일 잘 알고 있기 때문에 민간에 맡기면 된다. 시도해 보지도 않고 지레 안 된다고 판단하여 포기

한다면 기회를 영영 잃을 수도 있다.

마산보다 규모가 훨씬 작은 경기도 광명시도 민자 역사를 유치했고, 경북 경주와 앞서 언급한 진주도 추진하는데, 마산은 이들 지역보다는 그 여건이 나은 편이다.

미래는 부단히 도전하는 자의 몫이지, 그저 다가오는 것이 아님을 직시해야 한다.

마산 지능형 홈 산업단지, 문제는 콘텐츠다

경남도와 마산시가 미래 핵심전략산업으로 육성하고 있는 것이 지능형 홈Smart Home or Home Networking 산업이다. 이를 위해 지난해부터 마산에 있는 (구)창신대학 캠퍼스를 리모델링하여 지능형 홈 산업화지원센터를 운영하면서 여러 가지 사업을 펴고 있다.

관내 대학 등 연구기관은 인력양성을 맡고 있고, 2008년 10월에는 마산시 우산동 16만여㎡의 용지에 지능형 홈 첨단산업단지가 착공되었고, 2010년이면 가동에 들어간다고 한다.

이 사업들이 계획대로 잘 추진되어 연구개발, 시험, 인증, 인력양성, 대량생산 등 일관 체제를 갖추어 이 지역경제의 활력소로 자리매김하고, 더 나아가 첨단기술 개발의 메카로서 세계기술표준을 선도해 나갔으면 한다.

인류가 풍요롭고 쾌적한 선진사회로 가기 위해서는 여성의 사회활동 참여가 훨씬 늘어나야 하고, 필연적으로 여성의 가사노동 해방이나 남녀 간의 가사노동 분담문제는 계속 중요한 화두가 될 것이다. 그런 측면에서 일상주거문화를 디지털기술이 융·복합된 보다 간편하고 편리한 생활로 바꿔주는 지능형 홈 산업은 그 수요가 가히 폭발적으로 늘어날 것이 분명하다.

그런데 이 지능형 홈 산업이 국가의 차세대 성장동력 산업이고 경남도의 핵심전략산업이라고 해서 행정이 모든 걸 주관하고 세세한 것까지 간섭해서는 안 된다. 이 분야는 기초과학이 아닌 응용과학 분야여서 일정한 토대만 잘 마련해 주면 민간에서 얼마든지 진입할 수 있고, 그것이 더 효율적이기 때문이다. 국가나 자치단체는 민간기업과 연구 기관들을 집적시켜 그들이 서로 경쟁하거나 협력하면서 연구하고 생산할 수 있는 장을 만들어 주면 된다. 단지 지나친 출혈경쟁이나 옆길을 갈 경우에 이를 조정하는 역할은 해야 할 것이다.

우리가 고속철도를 운행한다고 할 때, 안전하게 레일을 깔고 멋진 플래폼과 역사를 짓는 일은 하드웨어의 구축에 해당한다. 여기에 더해 소프트웨어이자 콘텐츠라 할 수 있는 유려한 미관과 안락한 열차 내부, 합리적인 요금, 승무원의 친절한 서비스가 있어야 비로소 경쟁력 있는 KTX가 될 수 있다. 이때 이용자들은 철도의 콘텐츠를 다른 교통수단인 고속버스, 비행기 등과 비교해 보고 승차 여부를 결정하는 것이다.

이 콘텐츠는 민간이 해야 경쟁력이 있다.

마찬가지로 지능형 홈 산업도 하드웨어에 해당하는 R&D나 생산단지의 조성은 행정에서 담당해야 한다. 그리고 여기서 연구개발과 생산, 인력양성을 할 민간부문은 많은 인센티브 제공을 통해 적극적으로 유치하고 서로 경쟁시켜야 한다. 물론 하드웨어의 조성도 중요하다. 그런데 더 중요한 것은 그 안에 들어갈 소프트웨어, 즉 콘텐츠다. 지능형 홈 관련 기술은 현재 전기, 전자, 통신, 건설 관련 기업들이 독자적으로 일부 개발해서 단편적으로 적용하고 있는 걸음마 단계에 있다고 할 수 있다. 아직 획기적인 기술이 개발된 것도 아니고 기술의 표준화도 이루어지지 않은 상태이다. 잘하면 우리가 이 기술을 선도하고 세계적인 기술표준으로 만들어 갈 수 있는 절호의 기회이기도 하다. 무궁무진한 블루오션이 기다리고 있는지도 모른다.

그렇다면 관련 분야 한국 최고의 기업들이 이 단지에 들어와서 서로 경쟁하고 협력하면서 기술개발을 선도하도록 해야 한다. 즉, 삼성전자나 LG전자 같은 전기 · 전자업체, KT나 SK텔레콤 같은 유무선통신업체, 국내 유수의 건설업체들이 동시에 들어와야 한다는 말이다. 최신 지능형 홈 관련기술은 마산에 가야만 알 수 있는 정도가 되어야 한다. 그런데 지금 진행되는 현실을 보면 하드웨어에만 관심이 집중되고, 산하 산업화지원센터나 대학들은 자신들의 몫 찾기에만 급급한 것이 아닌지 반성해야 한다. 왜냐하면 지금까지 어느 누구도 이런 기업들을 집적시켜야 한다는 소리를 들어보지 못했기 때문이다. 콘텐츠 없는 하드웨어는 아무 소용이 없다.

1992년 미국 대선 때 당대 최고의 미디어홍보 전략가 제임스 카빌은 걸프전의 승리에 취한 채 휘청거리는 경제를 못 보는 부시를 향해 "문제는 경제야, 이 멍청아!"라는 슬로건으로 아칸소의 시골뜨기 주지사인 클린턴을 백악관으로 인도했다.

"문제는 콘텐츠야, 이 사람들아!"

마창대교와 마산과의 상관관계

2008년 6월 24일 마창대교가 개통되었다. 마창대교의 개통은 그동안 교통체증이 심했던 마산의 봉암로나 자유무역로의 교통을 분산시켜 출퇴근 시의 불편을 상당부분 줄여주는 긍정적인 효과를 기대한 것이 사실이다. 고성이나 통영, 거제 등에서 창원으로 가기 위해 마산시내를 관통하던 차량들이 이 다리를 건너 바로 창원에 진입할 수 있어, 마산시내의 교통혼잡 해소에도 많은 도움을 줄 것이라 여겨지기도 했다.

그런데 개통을 하고 보니 기대만큼의 결과가 나오지 않는다. 처음엔

홍보부족 때문이라 했지만 상당한 기간이 지난 현재도 그다지 붐비지 않는다.

그런데 여기서 조금 다른 시각에서 바라볼 필요가 있다. 여러 방안을 모색하여 통행량을 늘린다 해도 마산으로서는 이렇다 할 이익을 보지 못할 가능성에 대해서다.

마산과 창원 사이에 소통의 문제가 원활해질 때, 마산이 더 이익을 보기 위해서는 창원보다 비교우위에 있는 요소가 훨씬 더 많을 경우에나 가능하다는 사실을 우리는 알아야 한다. 현재는 마산이 누가 보더라도 비교우위에 있는 요소가 적은 것이 사실이다. 이 점은 솔직히 인정하고 대비책을 서둘러야 한다.

마산이 창원에 비해 우위에 있는 것은 어떤 것들이 있을까?

우선 좋은 공기, 값싼 물가와 집값, 천혜의 아름다운 바다, 이런 것들이지 싶다. 그러면 그동안 왜 사람들이 마산을 떠나 창원으로 많이 옮겨갔을까? 그것은 교육면에서, 주거환경과 녹지공간, 스포츠 · 레저 관련 시설 그리고 쇼핑과 외식 등의 면에서 마산을 월등히 앞서갔기 때문일 것이다.

그러면 여기서 마산은 한꺼번에 많은 것을 벌일 순 없다고 하더라도 단 몇 가지 만이라도 이런 시기를 대비해 마산의 비교우위를 확보하는 노력을 기울여야 한다.

교육수준을 대폭 높이거나 충분한 녹지공간을 확보하는 등의 문제는 단기간에 이루어질 수는 없는 문제이다. 그렇다면 가령 바닷가를 산책할 수 있는 멋진 데이트코스를 만든다든지, 마산만을 조망할 수 있는 타워를 민자로 건설하거나, 경관 좋은 곳에 대규모 횟집타운을 만들 수도 있는 것이다. 바다를 끼고 도는 국제규격의 마라톤코스를 만들어도 좋고, 기존의 통술 골목이나 장어구이, 아구찜 골목을 대대적으로 정비해서 손님을 맞이할 준비를 해 놓을 필요가 있다.

어쨌거나 이처럼 준비나 대비가 부족하면 결국 문제가 불거지게 된다. 경제라는 것은 마치 자석이나 블랙홀처럼 집적의 이익, 즉 규모의 경제가 작용하는 곳으로 빨려 들어가게 마련이다. 세계경제에서 중국이나 러시아, 인도, 브라질 같은 거대한 나라들이 고속 성장을 해 나가니까, 이들 나라가 석유, 철광석, 식량 등 세계의 자원을 무섭게 빨아들이게 되고, 이것이 원인이 되어 지금 세계는 하루가 다르게 폭등하는 자원전쟁을 겪고 있는 것이다.

또, 우리가 바로 곁에서 겪고 있는 좋은 사례들도 있다.

고속철도가 개통되니까 대전, 대구, 부산에 사는 주부들이 서울의 유명한 명품관에 출입하는 일이 더 많아지고, 대전~진주 간 고속도로가 뚫리니까 진주 사람들이 대전까지 쇼핑을 하러 간다고 한다. 소통이 되지 않았으면 그 지역에서 쇼핑을 했을테고, 그 지역의 매출과 고용으로 연결되었을 것이 이런 경제의 쏠림현상, 즉 빨대효과 때문에 지역경제에 타격을 주게 되는 것이다.

마찬가지로 마산과 창원의 경우에도 이런 경제의 쏠림현상을 조금씩 겪고 있다. 마산으로서는 비록 늦었지만 지금부터라도 차근차근 준비해서 소통의 이익을 가져올 수 있게 해야 한다. 그러기 위해서는 마산이 가진 장점은 무엇이고 단점은 무엇인지 진솔하게 분석하고 진단해서 대비해 나가면 분명 좋은 결과를 보게 될 것이다.

어쨌든 마산으로서는 창원에 사는 사람들이 마산으로 모여들 수 있는 계기와 유인책을 만들어야 한다. 그것이 살기 위해서든, 자식들 교육을 위해서든, 그도 아니면 주말레저나 지인들과의 저녁이나 술자리 약속이든 그 무엇이든 간에 이런 일들을 하기 위해서는 마산으로 나가야겠다는 생각이 들게 해야 한다.

한때, 창원에서는 멀리서 손님이 오면 저녁이나 술자리 대접은 으레히 마산에서 하는 걸로 인식되던 시절이 있었다. 그런 시절이 와야 마산이 산다.

미리부터 아예 마산이란 그렇고 그런 지역이겠거니 하면서 무관심하고 자포자기하면 정말 마산에는 희망이 없다. 절망의 순간에도 희망의 빛을 찾고 갈구해야만 반드시 그 문은 열리게 되어 있다. 마산은 저력이 있는 도시임이 분명하고 묻혀 있는 진주임에 틀림없다.

누군가가 이 진주를 캐내 값비싼 보석으로 갈고 다듬어서 후세에 길이 전해주어야 하지 않겠는가?

마산 국화축제의 발전적 개선방안

국화축제는 마산의 대표적인 축제다. 많을 땐 30만 명이 다녀가기도 하니 상당한 규모다. 어려운 마산경제에는 단비 같은 축제이기도 하다. 우리나라 최초의 국화 시배지이고 또 가을의 상징이랄 수 있는 국화꽃이 주는 의미가 크기 때문에 가을축제의 주제로 국화는 애초부터 상당한 경쟁력을 갖추고 있다. 그런 면에서 국화축제는 마산을 대표하는 축제이면서 잘 가꿀 경우 한국을 대표하는 세계적인 축제로 거듭날 수 있다고 본다.

그런데 지금의 축제로서는 그 발전에 상당한 한계를 지닐 수밖에 없다. 그것은 직접 시정에 참여해 보지 않은 이는 알 길이 없다. 그 실상을 솔직히 분석해 보고 차제에 발전적인 대안을 제시해 본다.

우선 현재 진행하고 있는 축제의 실상이다. 첫째, 장소의 문제이다. 얼핏 보고 듣기에 '가을, 바다, 섬, 국화' 하면 환상적인 조합인 것 같지만 국화와 염분을 실은 바닷바람과는 전혀 어울리지 않는다. 그리고 돌과 바위 위주인 돝섬에 국화를 피우기 위해 양묘장에서 섬까지 차량과 바지선으로 봄부터 행사 직전까지 끊임없이 갖다 심고 죽으면 보식을 해야 하는 일을 매년 되풀이하고 있다. 엄청난 비능률이다.

둘째로, 규모의 문제이다. 돝섬은 약 10만㎡ 정도의 작은 섬이다. 그러다 보니 축제기간엔 인파로 발 디딜 틈이 없는데도 많은 관광객을 유치하는 데는 근본적인 규모의 한계에 부딪힌다. 매년 20~30만 명 내외가 고작이다.

비슷한 시기에 열리고 있는 전북 고창의 국화축제장 규모가 100만㎡이고, 인근에 있는 미당 서정주문학관에서 미당문학제도 함께 열려, 올해 120만 명의 관광객을 유치할 계획이라니 마산과는 그 스케일에서 게임이 되지 않는다.

전남 함평의 나비축제가 200만 명이 넘는 관광객을 유치한다는 사실을 볼 때 국화축제의 규모에 대해 진지한 검토가 있어야 한다.

셋째, 비용과 축제의 효율성 문제이다. 국화축제 예산이 공식적으로는 약 8억 원이지만, 농업기술센터 직원들은 봄부터 행사 때까지, 그리고 행사기간 때인 10일간은 마산시의 전체 공무원이 휴일도 없이 이 일에 매달린다. 그 노력과 기회비용을 계산하면 공무원들 간에는 적어도 예산의 3배는 계산해야 한다고 말한다.

그렇다면 매년 20억 원을 들인 행사에 30만 명은 너무 적은 것이 아닐까? 그리고 양묘장과 행사장이 멀리 떨어져 있어서, 양묘장에서 부두까지 차량으로, 그리고 섬까지는 바지선으로 국화 묘목을 실어 날라야 한다. 화초를 매년 이렇게 섬으로 날라야 한다는 것이 얼마나 비효율적인지는 더 이상 언급할 필요가 없다.

넷째, 축제의 전근대성이다. 마산시도 민간주도 축제의 모양을 빌리기 위해 축제위원회가 구성되어 있다. 그러나 내가 아는 한 이 축제위원회는 구색을 맞추기 위한 것일 뿐 모든 행사의 기획, 실행, 예산 집행이 관 주도로 이루어진다.

개막 행사에 각 읍면동장들이 사람을 동원해서 참석하는 것도 예나 지금이나 똑같이 되풀이되고 있다. 과연 누구를 위한 행사인지 모르겠다. 전북 고창은 양돈을 하는 한 개인이 전혀 관의 도움 없이 진행하고 있단다. 그리고 자신의 소망을 비는 문구를 써서 다는 소망등을 돝섬 둘레와 여객터미널 해안도로에 엄청나게 많이 켜 놓았는데, 그게 축제와 도시미관에 잘 어울리는지도 모르겠다. 나로서는 그리 좋아 보이지 않는다.

그러면 여기서 발전적인 대안은 무엇일까?

우선, 내륙지역에 30~50만 평 규모의 국화원을 조성해야 한다. 여기에는 기존 국화 작목반들이 입주해서 양묘에서부터 기르고 꽃을 피우며 국내외로 판매하는, 그러면서 축제도 개최하는 장소로서의 일관체제를 갖춰야 한다.

국화축제는 꽃이 피는 시기에 문을 열고 돈을 받으면 된다. 처음 조성에 비교적 큰돈이 들겠지만 이 일은 더 이상 늦출 수 없다. 그러면 자연히 민간이 재배와 판매, 축제를 직접 추진하는 것이 되므로 행정의 낭비와 비효율을 줄일 수 있다. 행정기관은 각종 인프라 구축과 행사시에 보조적인 지원만 해주면 된다.

다음으로 국화원 안에는 국화연구소와 종합판매장도 만들어 품종개량과 신품종 개발, 국내판매와 해외바이어들의 발길이 끊이지 않도록 해야 한다. 인구 40만의 마산이 제대로 된 축제를 만들어 적어도 한해 400만 명은 유치해야 하지 않겠는가?

마산의 주택정책, 과연 어떻게 봐야 할까?

쓰나미가 휩쓸고 간 도시

마산이 어렵다고 한다. 쓰나미가 쓸고 간 듯 쓸쓸하다. 실제 피부로 느끼는 강도는 더 심한 것 같다. 미국발 금융위기는 이 지역도 예외가 아니어서 엎친 데 덮친 것처럼 옥죄어 오는 압박감에 시민들은 절망한다. 어떤 이들은 아예 자포자기의 심정으로 체념한 듯 무덤덤한 표정이다.

마산이 어려운 것은 이 지역이 처한 지정학적 요인도 있지만, 그 어려움을 극복해 나가고자 하는 지도자들의 위기에 대한 정확한 진단과 방향의 설정, 추진에 대한 의지와 열정이 결여되었기 때문이다. 그리고, 인근 도시와의 차별화에 실패했기 때문이라고 나는 생각한다.

무릇 국가나 자치단체, 그리고 기업경영에 있어 항상 태평성대만 있을 수는 없다. 앞으로 나가는 길에는 거친 파도와 간난이 무수히 기다리고 있다. 그러나 위기 속에는 기회도 항상 병존하는 법이다. 한겨울의 매서운 추위와 칼바람을 잘 이겨내면 반드시 꽃피는 봄이 오게 되는 것이 자연의 순리이듯, 눈앞에 닥친 위기와 어려움을 잘 극복해 나가면 승자독식시장의 블루오션이 창출되는 법이다. 양의 동서와 고금을 막론하고, 태평성대에는 인걸이 필요하고, 난세에 영웅이 난다고 하지 않았던가.

내 돈 좀 돌리도!

범위를 좁혀서 마산의 주택정책에 대해 이야기를 좀 할까 싶다.

우선, 주택의 수요측면을 보자. 잘 알다시피 마산은 지난 20여 년간 인구가 10만여 명이나 줄어들었다. 그 이유는 여러 가지가 있겠지만, 공공기관의 창원 이전, 기업의 역외 이전 또는 폐업, 그리고 교육수준의 하향에 따른 인구의 유출을 들 수 있다. 결론적으로 그만큼 주택수요가 줄었다는 얘기다.

다음으로, 주택의 공급측면은 그동안 어땠을까? 내서읍이 신규 주거단지로 변모했으며, 한일합섬과 한국철강 자리가 주거 내지 상업지역으로 용도가 변경되어 현재 아파트를 짓거나 지을 계획으로 있다. 해안을 매립한 지역에도 아파트가 들어서고 있고, 군데군데 재개발 · 재건축이 이루어져 오는 등 주택공급이 확대되어 왔다.

앞으로 현동과 가포본동에도 주택공사에서 8,800세대의 임대주택을 짓기 위해 보상을 하고 있고, 그 밖에 마산을 둘러싸고 있는 그린벨트 다섯 군데가 공공기관이 택지개발을 할 경우, 그린벨트를 해제해 주는 조정가능지역으로 지정되어 해제만을 기다리고 있는 중이다. 현재 마산 시내에는 재개발 · 재건축이 무려 40여 군데나 추진되고 있다. 정확한 통계는 모르겠으나 아마 수만 세대의 신규 주택공급을 추진하고 있다고 봐야 한다.

주택시장도 당연히 경제논리인 수요공급의 법칙이 적용된다. 마산의 인구는 계속 줄어들고 있는데, 이처럼 공급이 늘어나면 결과는 뻔하다. 그동안 주택이나 아파트 가격은 폭락해 왔고, 그만큼 시민들은 가만히 앉아서 자신의 재산을 빼앗겨 온 셈이다.

마산에 사는 어떤 분과 창원에 사는 친구 분이 약 20년 전인 1990년대 초반에 똑같이 5억 원 상당의 부동산을 가지고 있다고 치자. 지금 마산에 사는 분은 그 재산가치가 2~3억 원으로 줄어 있고, 부동산 투기를 하지 않았지만 창원 사람이 그 기간에 아파트라도 2~3번 옮겼다면 그 사람의 재산은 적어도 10~15억 원은 족히 될 것이다. 똑같은 부동산을 가진 사람이 창원과 마산에 산다는 차이 때문에 이처럼 재산가치에 차이가 생겼다면 어느 한쪽은 너무 억울하다고 생각하지 않겠는가?

"내 돈 좀 돌리도!"하는 하소연이 들릴 듯하다.

인구를 늘려야 한다

이게 지금 마산의 엄연한 현실이다. 마산의 여건은 어려웠지만 결국 시정을 책임진 사람들이 살림을 잘못 산 탓이라고 할 수밖에 없다.

주택시장도 선순환이 되어야 매기도 살아나고 가격도 올라간다. 여기서 선순환이 되려면 인구가 늘어나야 하고 인구를 늘리는 가장 확실하고 빠른 방법은 기업, 특히 제조업이 들어와야 한다. 그러면, 여기서 결론은 단순 명확하다. 마산은 누가 뭐라고 해도 공단 조성을 통한 신규 고용이 창출되어야 주택시장의 선순환을 이끌어 낼 수 있다.

창원이 인구의 20% 정도가 제조업에 종사하고 있는데, 2008년을 기준으로 한 1인당 소득은 대략 3만5천 불 내외로 추정된다. 마산을 이 기준치에 맞추면 적어도 지금보다 6만 명 이상의 신규고용을 창출해야 하고, 그러기 위해서는 4~5백만 평의 대규모 공단을 조성해야 창원 수준을 따라갈 수 있다.

마산의 주택정책 중에서도 재개발, 재건축에 대해 좀 더 세부적으로 살펴보자.

앞서 분석한 대로 주택의 지나친 공급 확대로 마산의 분양시장이 급격한 침체를 겪고 있고, 때마침 불어닥친 미국발 경제한파로 주택 시장은 꽁꽁 얼어붙어 있다. 그런데, 아이러니컬하게도 재개발, 재건축 시장이 이 여파로 대부분 중단되어 있는 점이 매우 다행스럽다는 사실이다.

그게 무슨 뚱딴지 같은 소리냐고 하겠지만, 사실이 그렇다.

마산의 주택시장 전체를 조망해 볼 때,이처럼 무분별하게 진행되는 재개발, 재건축 행위가 스스로 무덤을 파는 것인 줄 알지만, 개별 추진지역 주민들의 입장에서는 자기들의 지역은 여러 가지 이유를 들면서 반드시 추진하겠다는 입장을 고수하고 있다.

마치 침몰하는 타이타닉호에 승선해 있으면서 서로의 몫을 더 차지하겠다고 다투는 것과 하등 다를 바가 없다. 정말 어리석은 일이다. 결국 40여 개 지구가 동시에 추진되면 반드시 엄청난 문제를 몰고올 텐데 경기한파로 추진이 중단되어 있는 것이 다행스럽다는 말이다.

우리는 이 사실을 다른 예에서도 찾아볼 수 있다. 지난 십수 년간 전국적으로 엄청난 대학이 설립되거나 모집정원이 계속 확대되어 왔다.

그런데 2012년부터는 고등학교 졸업자 수가 확 줄어 이제 대학도 부도를 맞는 시대가 도래하고 있다는 사실이다.

여기서 문제는 우리의 인구변동 추세나 출산율 등을 감안할 때, 과연 교육당국이 그걸 전혀 몰랐다고 할 수 있을까? 결국 알면서도 정치적 이해관계, 공직자들의 부도덕성, 교육계의 극심한 이기주의가 이런 총체적 문제를 낳았다고 할 수밖에 없다.

그런데, 문제는 이처럼 마산의 주택문제가 엄청난 시한폭탄으로 남아 있다는 걸 알면서도 정치, 사회적인 여러 이해관계에 휘둘려 제 방향을 잡지 못하고 있다는 사실이다.

여기에 공무원들의 무사안일과 책임회피가 더해져 앞으로 핵폭탄처럼 다가올 후폭풍을 어떻게 견뎌낼 것인지 심히 걱정스럽다.

여전히 일류 도시의 가능성은 있다

생활수준이 나아져 선진국의 문턱에 진입하면 우리의 주거형태도 좀 더 다양한 변화를 추구하게 될 것이다. 부유층은 대저택이나 호화빌라를 선호할 것이고, 중산층은 수준에 맞는 빌라나 아파트를 찾고, 서민들이나 독신들은 임대나 소형아파트를 선호할 수도 있다. 때로는 타운하우스나 교외의 별장을 가지고자 하는 사람 등 갖가지 형태의 주거용도를 찾게 된다.

여기서 인근도시 창원은 그런 다양한 수준의 주거형태를 공급할 수 없는 태생적 한계를 지니고 있다. 왜냐하면, 지금 창원은 인구의 70% 이상이 아파트에 거주하고 있기 때문이다.

소득이 높아져 아파트에 사는 사람이 재건축으로 빌라나 단독주택을 지을 수는 없다. 결국 20층짜리 아파트에 살던 사람은 재건축을 통해 30~40층의 아파트를 지을 수밖에 없다.

시민의 다양한 주택수요와 욕구를 충족시키지 못하는 도시는 결코 일류도시가 될 수 없다.

지금 현재 슬럼화되고, 제대로 재개발, 재건축이 이루어지지 않는 마산의 주거지역은 부동산 가격의 하락과 주거환경의 열악으로 시민들의 불만이 고조되고 있다. 그러나 조금만 더 기간이 경과하고 마산의 경기 상황이 좋아지면 이 지역은 금싸라기 땅으로 변할 것이 틀림없다.

결국 쾌적한 주거환경을 갖춘 일류도시의 조건은 마산이 갖고 있다고 감히 말할 수 있다. 마산이 경남 최고 최적의 수준을 갖춘 일류도시가 되려면, 지금의 주택정책을 과감히 바꾸어야 한다.

우선, 주거지역을 신규로 공급하는 정책은 가급적 지양하고, 대신 산업용지 확보에 더 심혈을 기울여야 한다. 다음으로, 재개발 · 재건축은 비록 당장은 욕을 얻어 먹더라도 주거형태별로 구분해서 강력한 규제를 해야 한다.

이 방법이 시민도 살고, 마산도 사는 유일한 길임을 분명히 알아야 한다. 지역별로 아파트 재건축을 고집하면 추첨을 해서라도 일정지역은 막아야 한다

결론적으로 마산 외곽에 대규모 산업용지를 공급해서 주택의 수요자를 창출하고, 교육수준을 경남 최고로 만들어 나가면 인구는 늘어나고 주택 가격은 올라가서 시민의 재산가치가 불어나게 된다.

덧붙여, 재산이 많은 사람들이 다양한 주거형태를 찾아 마산으로 몰려오면 그때 마산은 일류도시로서의 품격을 갖추게 될 것이다. 돈이 많은 사람들이 좋은 주택을 찾고, 좋은 옷과 음식을 입고 먹기 위해 많은 소비를 해야만 도심지 상업지역이 활기를 띠게 된다. 결국 마산은 잘사는 도시로 변모하게 되고, 옛 영화 또한 되찾게 될 것이다.

그러므로, 마산시는 주택정책을 추진함에 있어 방관자적 입장에 서 있지 말고 과감한 정책전환과 개입을 통해 다가오는 기회를 포착해야 한다.

이번 기회를 놓치면 마산은 정말 어려워진다. 지금이 그 시기다.

제3부

얼씨구나, 정겨워라 마산을 노래하자

공기 좋고, 물가 싸고,
푸르름이 무성한 마산이 되면
떠나는 도시에서 돌아오는 도시로
예전의 활력을 되찾을 것이다.

마산 도심에 녹색띠를 두르자

마산에 살고 있는 사람들이 인근 창원시를 가장 부러워하는 것은 녹지공간일 것이다. 면적과 규모에 있어서 타의 추종을 불허하는 창원시는 도심에 산재한 많은 공원과 함께 도로와 시설물 사이에 차단녹지를 넓게 조성함으로써 쾌적한 도시 기반을 갖추고 있다.

이에 비해 마산은 배산임수背山臨水형 도시로 산과 바다 사이에 길게 띠모양의 도심이 형성되어 활용할 수 있는 면적도 적고 여러 가지 제약을 안고 있다.

이런 형태의 도시가 대개 그렇듯이 도로는 남북으로 간선도로, 해안도로, 또는 산복도로 등의 단순형태가 되어 만성적인 교통체증에 시달리기도 한다. 게다가 무학산을 끼고 흐르는 하천은 그 연장이 짧고 낙차가 심해 유수의 흐름이 비가 올 때는 급격히 쏟아져 내리고, 평시에는 유량이 부족해 자정능력이 떨어지는 등 관리가 힘든 게 사실이다.

마산 같은 도시를 창원처럼 울창하고 규모가 큰 녹지공간이 있는 도시로 만들기는 어렵다. 규모가 작지만 아담하고 윤기 나는, 거기에 마산시의 아이디어와 열정이 묻어나는 그런 녹지공간을 창출하면 될 것이다. 우리가 화려한 양옥집과 근사한 서구식 정원도 선호하지만 집을 들어서면 주인의 정성과 손때가 묻은 오래된 평범한 주택에도 마음이 끌리는 것처럼 말이다.

그렇게 도시를 가꾸려면 도심에 녹색띠를 둘러야 한다. 이 녹색띠는 몇 가지 원칙하에 체계적으로 만들어야 한다. 우선 기존의 녹지공간을 잘 정비해야 한다. 즉 무학산과 팔용산, 산호 중앙공원, 돝섬 등을 환경친화적으로 잘 정비해야 한다. 되도록이면 콘크리트 구조물은 걷어내고 흙과 돌, 나무 같은 자연 그대로의 소재를 사용해야 함은 물론이다.

서원곡, 완월폭포, 앵지밭골, 제2금강산 등 산자락을 시민들이 쉽게 찾을 수 있는 공원으로 만들어야 한다. 차제에 무학산 2~3부 능선을 관통하는 자연 임도를 만들어 등산보다는 산책이나 가벼운 운동을 원하는 시민들에게 제공하면 어떨까?

다음으로는 주요 간선도로변에 가늘지만Tiny 연결되는Connect 녹지축을 만들어야 한다. 주요 거점별로 쌈지공원을 만들고 인도의 사각지

대를 활용해 수벽을 조성해야 한다. 콘크리트벽은 넝쿨나무를 늘어뜨려야 함은 당연하다. 일본, 중국 같은 곳은 고가도로 밑 교각에도 덩굴로 씌우고 있는 것을 쉽게 볼 수 있다.

다음으로는 시가지를 관통해서 흐르는 주요 하천을 생태하천으로 복원시키고 하천변에 녹지축을 만드는 것이다. 중간 중간에 필요한 녹지공간과 휴게시설을 확보하여 시민들의 접근성을 높여야 한다. 되살아난 하천변 나무 그늘 아래 벤치에 앉아 흘러가는 맑은 물을 쳐다보며 담소를 즐기는 시민들의 모습을 상상해 보면 얼마나 즐거울까?

마지막으로 해안변에 수변공원이 조성되면 항구도시의 진면목을 발휘하게 될 것이다. 지금 개발하고 있는 마산 해양신도시 40만 평은 아일랜드형 도시로 해안변에 녹지공간을 충분히 만든다고 하니 정말 다행이다.

거기에 기존 도심의 해안변에 거점별로 녹지공간을 마련하고 시민들이 쉽게 접할 수 있는 친수공간을 확보한다면 정말 짜임새 있는 도시가 될 것이다.

결국 마산은 도시를 끼고 있는 산과 도심을 관통하는 하천과 도로, 그리고 마산만을 연결하는 녹지축이 형성될 때 정말 차별화된 도시가 될 것이다. 공기 좋고, 물가 싸고, 푸르름이 무성한 마산이 되면 떠나는 도시에서 돌아오는 도시로 예전의 활력을 되찾을 것이다.

거기에다 경제와 교육이 강한 도시가 되면 더할 나위 없겠지만…….

마산 불종거리를 야외 테라스 거리로 만들자

유럽을 여행하다보면 영국이든 프랑스, 독일, 스위스, 이태리 가릴 것 없이 야외 카페에서 맥주나 와인을 마시고 있는 사람들을 자주 본다. 사람들마다 모두 여유 있어 보이고 운치가 있어 "아, 선진국이란 이런 곳을 말하는구나" 하고 부러운 눈으로 바라본 경험이 있을 것이다. 우리와는 사뭇 다른 이국적인 풍경이고 부와 여유의 상징처럼 보이기도 한다.

우연히 인터넷을 검색하다가 유럽 여행 때 경험했던 그런 모습의 거리가 멋지게 펼쳐져 있는 곳을 보았다. 인터넷에서 잠시 사진과 글로서

접했지만, 유럽의 카페 거리 못지않은 멋진 곳이라 생각되어 소개를 해 본다.

바로 경기도 성남시 분당 신도시의 정자동 카페거리이다. 이 거리의 가게 업종도 다양하다. 옷집에서부터, 부동산소개소, 휴대전화 판매점, 카페, 그리고 커피전문점까지.

그리고 간판도 그들 나름대로 특색이 있게 배치되어 있고 야외 테라스의 정원이나 식탁, 진열대, 의자 등도 예쁘게 꾸며져 있어 마치 외국에 와 있는 느낌이 든다. 그러다 보니 내가 살고 있는 마산에 이런 거리를 하나 만들 수 없을까 하고 고민해 보았다.

생산기반이 무너진 마산은 지난 20여 년간 처절하리만큼 내리막길을 걸어왔고, 시민들의 뇌리에 마산은 어렵고 힘든 도시라는 패배감이 짙게 드리워져 있다. 그렇기 때문에 활기찬 마산을 가꾸는 것이 더욱 필요하다는 생각으로 조그마한 아이디어 차원에서 대안을 제시해 본다.

마산의 중심에 위치한 불종거리가 그 해답이 될 수 있다고 생각한다.

지금의 불종거리는 어둡고 칙칙해서 사람의 통행이 많지 않고 영업장소로서의 이점도 많이 떨어져 있다. 편도2차선의 도로는 양쪽의 한차선이 전부 불법주차 차량으로 뒤덮여 있어 미관을 흐리고 있다.

그러면 이 불종거리를 어떻게 바꿔 나가야 할까?

여기서 역발상이 필요하다고 본다. 차량소통이 원활하도록 넓혀놓은 4차선 도로가 2개 차선은 아예 상설 주차장으로 변해 버리니까 차제에 그럴 바엔 도로를 편도1차선으로 줄여 버리는 것이다.

단지 버스와 택시 정류장 부근만 충분한 공간을 만들어 승객의 승하차와 진행하는 차량의 소통에 도움이 되도록 하면 된다. 어차피 불법 주정차로 못쓰게 되는 도로라면 차라리 도로폭을 줄여 그 여분을 보도를 확장하는데 쓰자는 것이다.

여기서 보도의 일정부분을 인근 건물주나 상인들에게 유료로 임대해 주고, 이 거리를 야외 테라스거리로 만들어 보면 어떨까? 업종의 선택은 되도록이면 많은 사람들이 이용할 수 있는 업종으로 변경을 유도하고, 간판과 정원, 그리고 각종 탁자나 의자 등 집기도 디자인을 고려해 멋있게 한번 만들어 보면 마산의 명물이 되지 않을까 싶다.

그러면 결국 젊은 남녀를 비롯한 많은 시민들도 이용하게 되고, 다른 지역의 손님들도 오게 되는 부수적인 효과도 있을 것이다. 불종거리에서 잘 정비되고 디자인 된 커피전문점이나 생맥주집에서 시민들이 즐겁게 대화를 나누는 모습을 상상해 보면 또 다른 도시의 정감을 느끼지 않겠는가?

여기에서 한 가지 덧붙여야 할 것이 있다.

바로 구 한국은행 터를 마산시가 민간기업으로부터 사들여서 공공용지로 시민들에게 돌려주어야 한다. 지상은 도심공원과 광장으로 조성하고 지하는 대형주차장을 만들어 시민들이 즐길 수 있는 공간을 만들자는 것이다.

광장에서 롤러스케이트를 타는 어린이들, 이름모를 아마추어 가수들의 통기타 공연, 옆 불종거리의 야외카페에서 담소를 즐기는 시민들을 상상해 보면 내 마음이 즐거워진다.

무학산 이렇게 가꾸자

해발 767m의 무학산은 산림청이 선정한 전국 100대 명산에 들어 주말이나 휴일이면 외지인의 발길이 끊이지 않는다. 등산을 마친 사람들이 관광버스로 어시장에 들러 회를 먹는 모습을 자주 보는데 그만큼 마산 경제에도 도움을 주는 산이다. 마산 시민들에겐 언제나 찾을 수 있는 그리고 항상 반겨주는 엄마의 가슴 같은 편안한 휴식처 역할을 하고 있다.

나 역시 산을 좋아해 누구보다 자주 무학산을 찾는다.

합포만을 내려다보며 마산이라는 큰 도시를 껴안으면서 펼쳐진 무학산의 능선은 푸른 솔숲에 가려 그 무더운 여름에도 시원한 산행을 즐길 수 있는, 정말 마산 시민들에겐 소중한 자산이자 보물이다.

이 아름다운 무학산도 지금은 많은 몸살을 앓고 있고, 그로 인해 본래의 가치를 잃어가는 것 같아 안타까운 마음이 든다.

시 당국에서보다 체계적인 관리가 필요한 시점이다.

무학산을 사랑하고 아끼는 입장에서 전문가는 아니지만 평소에 생각했던 몇 가지 점을 거론해 본다.

우선 먼저, 각종 산행 안내판과 표지판을 체계적으로 정비해야 한다.

오래되어 파손된 것도 있고 각종 식당, 사찰 등의 간판, 플래카드 등이 규격도 갖추지 않고 무질서하게 걸려 있어 산의 이미지를 많이 훼손하고 있다. 빨리 손을 써야 할 부분이다.

그리고 마여중 위에 설치한 철봉과 흰 밧줄 같은 것들은 제발 좀 철거했으면 좋겠다.

서마지기에서 정상에 이르는 나무계단도 결코 좋은 모습은 아니다.

다음으로 시민들 특히 외부에서 온 산행객들을 위해 적어도 많이 이용하는 코스 입구에 중 · 대형 주차장 시설을 해야 한다.

만날고개에는 공원과 주차장을 갖추어 괜찮지만 적어도 완월폭포, 서원곡, 마여중, 두척계곡, 중리역 앞 등에는 제대로 된 시설을 해 주어야 한다.

이 참에 서원곡에는 입구부터 팔각정까지 각종 무허가 음식점을 완전 정비하고, 그 울퉁불퉁한 아스팔트 포장도 완전히 걷어내 시민들이 편안히 산행을 하거나 걸을 수 있는 자연적인 거리로 만들었으면 더욱 좋겠다.

다음으로는 무학산 기슭에서 농장이나 주말농장을 하는 지역을 대대적으로 정비했으면 싶다. 지금은 각종 무허가 농막, 창고, 농기구 등으로 산을 엄청나게 더럽히고 있다.

예산이 허락하는 범위에서 경작지를 사들이고, 필요하다면 거기에 무학산에 가장 어울리는 꽃이나 나무도 심어서 더욱 산을 아름답고 푸르게 만들어야 한다. 덧붙여서 산 아래 식당이나 가정에서 쓰기 위해 계곡의 물을 끌어가고 있는 고무호스를 완전히 제거해야 한다.

무학산을 끼고 흐르는 하천은 그 길이가 짧고 경사가 급해 비가 오지 않으면 대부분 건천이 되는데 그나마 유지수로 흘러가는 그 물까지도 고무호스로 개인이 자기 이익을 위해 써서야 되겠는가 말이다.

다음으로 등산로의 절제된 이용이 절실히 요구된다.

각 등산로마다 사람들이 저마다 여러 갈래의 접근로를 만들어서 외지인들에게는 산행에 혼선을 빚을 뿐만 아니라 자연을 파괴하는 원인이 된다. 따라서 주요 등산로를 명확히 해서 등산로별로 휴식년 제도를 도입하고 주 등산로가 아닌 사잇길들은 전부 폐쇄해서 생태계를 복원시켜야 할 것이다.

마여중 위 수백 미터에 걸쳐 등산로 주변에 전에 못 보던 스테인리스

도금의 철봉에 역시 흰색 밧줄로 줄을 쳐놓았다. 물론 내려오는 길이 비탈이어서 위험방지 차원에서 공사를 했겠지만 '이건 정말 아니다' 하는 생각을 지울 수 없었다.

그리고 또 하나 무학산 기슭 중 몇 군데는 공원으로 개발해서 시민들에게 푸른 녹지를 돌려주었으면 한다.

만날공원은 이미 개발했고, 그처럼 너무 인공적인 요소와 많은 비용을 들일 필요 없이 자연 그대로를 살린 시민들이 편안히 쉬고 걸을 수 있는 그런 자연공원을 만들었으면 한다. 그 후보지로는 완월폭포 부근, 서원곡, 마여중 뒤편 등을 꼽을 수 있겠다. 마산은 인근 창원에 비해 녹지, 공원비율이 훨씬 적은 만큼 가까운 무학산을 잘 활용하면 시민들의 친근한 휴식처로 자리매김할 수 있을 것이다.

마지막으로 신마산 밤밭고개에서 중리역까지 무학산 2~3부 능선을 가로지르는 산책로를 개설했으면 싶다. 이 도로는 자연의 훼손을 최소화하고 도로포장을 하지 않으며 중간 중간에 쉼터와 의자 그리고 예쁜 꽃과 수목들로 잘 가꾸었으면 좋겠다.

나이가 어리거나 연세가 많으신 분들이 산행을 하기는 어렵기 때문에도 이 사업은 필요하고, 이 임도를 걸으면서 마산만을 바라보는 시민들에겐 귀중한 재산이 될 것이다.

지금 신마산 쪽 청량산 임도를 시민들이 얼마나 좋아하고 이용하는지를 살펴보면 이 사업은 꼭 필요한 사업이다.

산은 가꾸기에 따라서는 얼마든지 그 모습을 달리하고 시민들의 사랑을 받을 수 있다. 그런데 그 가꾸기에는 인공적인 요소를 될 수 있으면 배제하고, 환경 친화적이고 자연을 그대로 살린 가꾸기가 되어야 한다.

여가를 즐기면서 산을 찾는 사람도 점차 늘어나고 그에 따라 각 자치단체에서 등산로 정비에도 열심이다. 그러나 과유불급이듯이 등산로의 정비는 자연을 그대로 살린 채 최소한에 그쳐야 하고, 그나마 반드시 정비해야 할 곳은 그 산에 있는 자연의 소재를 사용해서 해야 한다. 그렇지 않으면 자연 그대로 버려두는 것이 훨씬 낫다.

자연은 있는 그대로가 훨씬 더 아름다운 법이다. 그러나 등산로 표지 등은 제대로 좀 정비를 해서 낯선 길손들에게 따뜻한 나침반이 되었으면 좋겠다. 달라진 무학산을 만나는 것이 영영 불가능한 일일까?

뜻있는 분들의 목소리들이 합해져 큰 울림으로 되새겨졌으면 한다.

마산 돝섬을 자연 그대로 가꾸자

돝섬 해상유원지의 경영이 어렵다고 한다. 돝섬의 활성화를 위해 마산시는 여러 가지 방안을 강구 중이다. 여기서 나는 마산만에 조용히 떠 있는 이 돝섬에 대한 지나친 기대와 환상을 접고 섬 본연의 모습과 기능을 하도록 본래의 모습으로 돌려주는 게 좋다고 생각한다.

우선, 그 동안의 돝섬 운영상황에 대한 냉정한 평가를 해보자.

두산그룹에서 지난 29년 전인 1979년에 어린이 놀이공원과 동물원 등을 갖춘 해상유원지로 개장을 했고, 마침 그때는 마산이 우리나라 산업을 선도하는 중추기지 역할을 하던 때였다. 수출자유지역과 한일합섬, 코리아타코마 등의 회사에 근무하는 근로자와 이들의 고향에서 온 가족들은 시내쇼핑과 함께 돝섬의 동물원을 구경하고 데이트를 즐기는 것이 유행이었던 시절이었다.

인근의 창원도 대규모 산업기지가 들어서고 그에 따라 한창 도시조성이 이루어지고 있던 그런 시기였다. 마산과 창원, 그리고 인근지역 학생들의 단골 소풍장소가 바로 돝섬이었고, 연인들의 데이트 장소로도 안성맞춤이었다. 그래서 1980년대까지는 호황을 누리면서 마산경제에도 많은 기여를 했던 것이다.

지금은 어떤가? 근로자도 줄었지만 이런 놀이문화를 즐길 사람도 없고, 어린이들도 컴퓨터게임을 즐길지언정 동물이나 구식의 놀이기구에 매료될 그런 시대가 아니다. 그러다보니 채산성이 없어 포기하고, 기존의 위탁회사가 투자를 할 리도 없어 돝섬은 예나 지금이나 그대로다. 앞으로 누가 민간 위탁자로 들어온다 해도 투자에 대한 기대는 접는 것이 낫다.

다음으로, 우리 시민들도 돝섬이 마치 금은보화를 쏟아내 줄 것 같은 기대를 해서는 안 된다는 사실이다.

앞으로 인근에 해양신도시가 조성이 되면 돝섬과의 거리가 약 200m 정도로 가까워진다고 한다. 그때에 가서 사행심을 부추긴다거나 환경문제 때문에 반대가 있겠지만 대박을 터뜨릴 이벤트는 있다. 바로 돝섬과 해양신도시 사이의 바다에는 경정장을 만들고, 돝섬에는 특급호텔을 지어서 카지노를 운영하면 경제적 효과만 따질 경우 엄청난 기여를 할 것이다. 물론 그에 따른 부정적인 후폭풍도 크겠지만 말이다. 이건 어디까지나 가정해서 해본 말이다

돝섬은 잘 알다시피 겨우 10만㎡ 정도에 불과한 작은 섬이다. 이 작은 섬을 지나치게 치장하거나 꾸미면 오히려 역효과만 난다. 마치 조그마한 집 정원에 주인의 욕심으로 너무 많은 나무를 심는 것과 같다고나 할까?

그러면 이 돝섬은 어떻게 가꾸는 것이 좋을까? 개인적인 생각으로는 작은 섬 본래의 모습으로 돌려주는 것이 훨씬 나을 것 같다. 그러기 위해서는 위탁을 취소하고 마산시가 환수해서 자연공원 형태로 꾸몄으면 좋겠다. 기존의 놀이기구, 횟집, 그리고 각종 시멘트로 포장된 인공의 구축물들을 다 걷어 내고 흙길로 복원했으면 한다.

섬에는 염분과 해풍에 강한 나무와 화초를 보기 좋게 심고 가꾸며 산책을 즐길 시민들이 쉴 수 있는 벤치나 파고라, 그리고 커피나 맥주 같은 가벼운 마실 거리를 파는 카페 같은 최소한의 시설만 있으면 족하다. 도시민들의 지친 심신을 잠시 달래주는 정도면 돝섬은 그 목적을 달성하는 것이다.

또한 지금까지 열렸던 국화축제도 장소를 육지로 옮겨야 한다. 거제 외도가 개인이 가꾼 섬이고 인프라나 지리적 여건이 좋은 편이 아닌데도 많은 관광객을 끌어들이고 있다는 사실이 시사하는 바가 크고 이를

타산지석으로 삼아야 한다.

선박의 왕래도 비용문제가 있으면 적절한 횟수로 제한하면 되지 않겠는가? 몇 년이 지나 마산만의 바닷물이 더욱 맑아지면 금상첨화가 될 터이고, 시민들의 휴식공간 제공이라는 측면에서 이런 정도의 비용부담은 마산시가 감내해야 한다.

지금 마산시는 공공 또는 민간 주도의 개발을 대비해 홍역을 앓고 있다. 여기서 지금 거론되는 내용들을 보면 가슴이 답답하다. 그 작은 섬에 최대 300억 원이 넘는 돈을 투자해 이름도 낯선 거창한 해상호텔, 수변펜션, 아쿠아월드, 씨푸드센터, 스포츠게임센터, 야생화원 등을 집어넣을 심산일 모양이다.

이런 식의 개발을 하려면 시설은 최소화해야 한다. 단 접근성을 높이기 위해 여객선터미널—돝섬—가포근린공원—마창대교—청량산—만날고개 위 대곡산을 연결하는 케이블카를 설치하라고 권하고 싶다. 그 말 많던 통영 미륵산 케이블카가 지역경제에 엄청난 기여를 하고 있다는 사실을 보면 그 해답이 나온다.

돈을 많이 들여 잡화점식 개발을 하면 반드시 실패한다. 좀 더 차별화된 콘텐츠임을 분명히 인식하고 발품을 팔아 벤치마킹을 많이 할 것을 주문한다.

'맛의 도시, 마산'을 만들자

프랑스의 레스토랑 가이드 미슐랭Michelin이 도쿄를 세계 최고의 '미식도시Gourmet city'로 지정했다고 한다.

좋은 식당에 부여하는 별의 숫자가 도쿄는 191개인데 반해, 파리는 64개, 뉴욕은 42개에 불과하다는 것이다. 음식 맛으로는 세계 최고의 도시가 도쿄임을 증명하는 수치다.

한국 사람들은 음식을 맛으로 먹는데 반해, 일본 사람들은 맛과 눈으로 먹는 음식문화라고 한다. 음식은 첫째 맛도 있어야 하지만 눈으로 봐서도 정갈하고 맛깔스럽게 보여야 진정한 음식이라고 보는 것이다.

몇년 전 우리 지역 신선농산물 수출을 처음 시도할 때 겪은 경험이 이를 증명해 준다. 당시 오이 재배농가들이 일본 바이어들의 요구가 지나치게 까다롭다며 불평을 하는 것이었다. 출하되는 오이가 똑바로 된 일자형이어야 하고, 그 길이도 요구하는 일정한 규격에서 1~2㎝가 작거나 커도 안 된다는 것이다.

그리고 지금은 많이 개선되었지만 우리 농민들이 국제거래에서의 신용도가 얼마나 중요한지를 간과하는데서 곧잘 나타나는 현상이었다. 즉, 국내에서의 오이 가격이 일본 수출 가격보다 높으면 바이어와의 약속보다는 우선 이익을 좇아 국내시장에 미리 팔아버리고, 수출물량은 그 뒤에 맞추려다 보니까 납기일을 못 지키거나 규격에 맞지 않는 제품을 출하해서 반품을 당하는 일들이 종종 있었던 것이다. 오이가 맛이 있으면 되지 굳이 굽지 않은 펴진 오이만을 고집하느냐는 불평이었다.

그래서 일본 사람들의 음식문화를 설명해 주면서, 국제 간의 상거래에서 신용도가 얼마나 중요한 것인지를 우리 농민들에게 인식시키는데 진땀을 빼곤 했던 기억이 난다. 그런 일본인들의 품격 있는 음식문화가 세계 최고의 미식도시 도쿄를 탄생시킨 바탕이 아닌가 싶다.

마산에 살면서 자랑스럽게 얘기할 수 있는 것이 바로 마산의 음식 맛과 음식점에 대한 자부심이 아닌가 한다. 우선 채소나 생선가격이 인근 도시보다 훨씬 싸서 음식가격도 비교적 저렴하고, 그래도 제법 몇 대나 몇십 년의 전통을 가진 음식점들이 있는 곳이 마산이다.

마산 어시장의 활어횟집, 장어구이, 복국, 아귀찜, 통술들이 마산의 경쟁력 있는 대표음식들이고, 신마산 함흥집의 불고기와 냉면, 백제삼계탕, 삼대초밥과 신라초밥, 인혜돌곱창, 생선국으로 유명한 은하식당과 골목식당, 복불고기집 나들이식당 등 나름대로 오랜 세월 동안 사랑을 받아 온 음식점들도 많이 있다.

창원에 가서 음식을 먹다보면 우선 가격이 마산보다 훨씬 비싸다는 점에서 호주머니 사정을 계산하게 되고, 그보다는 오히려 창원의 음식이 규격화된 코스요리 같은 느낌을 지우기가 어려운데 반해, 마산의 음식은 값이 싸면서 주인의 손맛과 인정이 함께 묻어나는 것 같아 마음이 더욱 푸근하고 얼큰해진다. 이게 바로 마산 음식의 맛이고 경쟁력이 아닌가 싶다.

이제, 보다 더 업그레이드된 음식문화를 만들기 위해서는 음식점의 위생상태, 청결도, 종업원의 친절상태가 더욱 개선되어야 할 것이다. 그래서 '맛의 도시, 마산' 을 자랑하자.

여기서 우리는 일본을 벤치마킹해야 한다. 비록 음식 맛이 있든 없든 그 부족한 부분을 기모노를 입은 여성 종업원의 친절로 커버하는 것이 일본 음식점이다.

노산 이은상과 조두남 그리고 문신으로 이어지는 마산의 대표적 인물들에 대한 현대적 조명을 통해 마산만의 독특하고 차별화된 문화 콘텐츠를 잘 가꾸어서 '예향 마산' 의 옛 명성도 반드시 되찾아야 할 것이다.

마산을 찾는 많은 사람들이 이처럼 걸출한 문화예술가들의 큰 족적에 흠뻑 취하고, 맛의 고장 마산의 매력에 푹 빠진다면 마산은 분명 경쟁력 있고 품격 있는 일류도시로 자리매김할 것이다.

빈혈의 도심에 싱싱한 피를 수혈하자

—구 한국은행 터 활용방안

이젠 마산이 어렵다는 말도 좀 지겨워진다. 마산은 이미 구겨진 자존심을 되찾기는커녕 지방자치시대에 홀로 지진아가 되어 모든 이들의 관심권에서 벗어나지나 않을까 걱정들을 하고 있다.

경남도 내에서 나름대로 비교적 활기차게 돌아가는 곳을 꼽아 본다면 창원, 김해, 양산, 진해, 거제, 사천 등을 들 수 있을 것이다. 이들 도시의 공통점은 바로 생산기반인 기업이 계속 늘어나거나 생산시설이 확충되고 있다는 점이다. 기업이 늘어나니까 고용이 늘고 따라서 소비도 증가하게 되어 도시는 장사가 잘되고 활기를 띠는 것이다.

지금 마산은 이들 도시와는 전혀 다른 반대 양상을 보이고 있다. 지난 20여 년 동안 생산기반인 기업과 각종 공공기관들이 마산을 떠나갔고, 그 결과 인구가 줄어들고 소비도 같이 감소되어, 상인들은 장사가 안 되고 도심은 공동화 현상이 계속 진행되어 왔다.

마산이 다시 활력을 되찾는 방법은 말할 것도 없이 시 외곽에 대규모 공단 등을 조성해서 기업을 대대적으로 유치해야 한다. 그런 다음 이들 기업에 종사하는 사람들이 쾌적하면서도 안심하고 자녀를 교육시킬 수 있는 주거 및 교육환경을 획기적으로 개선하게 되면 마산은 스스로 그 기능을 회복하고, 도시는 옛 명성을 되찾을 수 있을 것이다.

그러면 여기에서 공동화된 오동동, 창동 등의 도심은 어떻게 개발해야 할까? 내 개인 의견으로는 시 외곽에 대규모 공단조성 등의 조치가 이루어지고 난 뒤 해야겠지만 마산 도심은 대대적인 재생전략이 추진되어야 한다.

이 계획은 도시 공간구조의 재창조 차원에서 건축과 생태환경, 그리고 인간중심을 종합적으로 고려해야 할 것이다. 그런 측면에서 교방천과 회원천을 생태하천으로 만들고, 오동동과 창동을 대 구역으로 묶어 도심재생사업을 추진해야 한다.

그러나 이런 계획은 단기간에 추진하기 어렵고 도시가 어느 정도 활력을 되찾은 후에야 가능한 일이어서 시일이 걸린다는데 문제가 있다.

지금 당장 필요한 것은 구 한국은행 터를 시민의 것으로 돌려주면 어느 정도 도심 활성화에 기여하게 될 것이다. 상인이나 건물주들 간에는 오동동 문화의 거리에 차를 다니게 해야 하는 것이 제일 급선무라고 주장하는 분들도 있으나 나는 이게 근본적인 치유책이 아니라고 본다. 그보다는 지금은 민간기업 소유인 한국은행 터를 시가 매입하여 지하에는 대형주차장을 만들고, 지상은 도심광장을 만들어야 한다.

그래서 항상 이 광장에 시민들이나 청소년들이 들끓게 만들어야 한다. 그리고 주말이나 휴일에 중 · 소규모 공연이나 전시가 이루어지는 진정한 시민의 쉼터가 되면 이 주변 일대는 상당한 변모가 이루어질 것이다.

혹자는 많은 예산을 걱정하고, 어떤 이는 슬럼화된 공원이 되지 않을까 우려하지만 그건 기우에 불과하다. 우리 도심에 어디 그런 규모의 놀이터나 쉼터가 있기나 했는가? 그리고 전체 시민이 반기는 광장이라면 예산 때문에 못하겠다고 하는 것도 핑계에 불과하다. 또 인근을 흐르는 하천이 자연을 살린 생태하천으로 탈바꿈하게 되면 마산 도심은 전혀 새로운 모습으로 태어나고 시민생활의 중심지로 각광을 받게 될 것이다.

가족들과 함께 시내를 거닐면서 운동이나 쇼핑도 하고, 하천변에서 휴식을 취하다가 광장에서 공연을 즐기는 그런 마산이 되었으면 좋겠다.

제4부

더 나은 도시 마산을 위한 제언

마산이 어려운
또 한 가지 원인은 차별화에 실패했기 때문이다.
인근 창원보다 비교우위에 있는 요소를 찾아 차별화하지 않으면
실패는 필연적이다.

마산 부활의 조건

마산이 어렵다고들 한다. 지방자치가 부활한 지 20년이 다 되어 가는데, 유독 마산만 왜 내리막길을 브레이크 없이 달려온 것일까? 마산 경제의 어려움에 대한 원인진단은 거의 일치하는 것 같다. 공공기관의 창원이전, 제조업의 도산, 자유무역지역의 공동화 현상이 그것이다.

원인진단이 제대로 되면 처방은 훨씬 쉽다. 마산을 되살리는 가장 빠른 방법은 기업을 유치해서 고용을 늘리고 그에 따른 주택과 교육수요를 창출해 나가는 것이다. 그러면 소비도 늘게 되어 경제는 선순환이 이루어지게 된다. 기업을 유치하자면 공장용지가 있어야 하는데, 마산은 미리 준비하지 못해 기회를 잃고 있다. 시 외곽에 추진 중인 창포와 난

포공단을 4~5년 전에만 시작했더라도 지금 마산은 엄청나게 변했을 것이다. 그러나 비록 늦었더라도 마산 회생의 유일한 길은 이 방법이 최선이고 지금이라도 바로 시작해야 한다.

마산이 어려운 또 한 가지 원인은 차별화에 실패했기 때문이다. 인근 창원보다 비교우위에 있는 요소를 찾아 차별화하지 않으면 실패는 필연적이다.

우선 뒤로는 아름다운 무학산을 끼고, 앞으로는 합포만의 잔잔한 물결이 한 폭의 그림 같은 개항 110년을 넘긴 항구도시가 마산이다. 비록 1970~80년대 개발 위주의 시대에 조성된 마산자유무역지역과 창원 공단의 폐수가 폐쇄적인 내만인 합포만으로 흘러들어 그 맑은 바다가 어둠의 바다로 변해버린 아쉬움이 있긴 하지만, 얼마든지 개선이 가능하므로 장점 중 하나다.

두 번째로는 아름답고 따뜻한 남쪽의 항구도시답게 지역적인 문화와 예술을 꽃피운 예향이 바로 마산이다. 이은상, 조두남, 문신, 강제규, 방학기 같은 분들의 열정과 혼이 서려 있다. 이분들 외에도 마산에서 성장하고 대내외에 그 이름을 빛내다가 마산땅에 묻힌 문화 예술인들이 얼마나 많은가. 그리고 6 · 25와 각종 인연으로 마산을 거쳐 간 유명인들도 많다.

그리고 마산은 널리 알려진 대로 불의와 부패에 분연히 항거해서 나라의 역사를 다시 쓰게 만든 민주성지이다. 경상도 사람들의 성정이 대개 그렇듯, 세상일에 대해서는 그저 무관심한 듯이 별로 말이 없다가도 정말 이게 아닌데 싶을 때는 아무리 자기에게 피해가 올지라도 앞뒤 가리지 않고 욱하면서 분연히 일어서는 정의로운 사람들이다. 그 대표적인 도시가 마산이고 마산시민들이다.

거기에다가 저렴한 물가, 싼 집값, 교통의 접근성 등도 한몫하는 장점들이다. 그렇다면 여기서 해답은 분명하다. 비록 직장은 창원에 있지만 집값이 싸고 교육 수준이 높아 자식의 교육을 위해서는 마산에 살지 않을 수 없도록 차별화해야 한다. 그리고 맑은 공기와 푸른 바다를 즐길 수 있는 친수공간을 많이 확보하고, 마산이 낳은 도시 곳곳에 스며들도록 가꾸어 나가면, 쾌적하고 문화예술의 향기가 넘치는 경쟁력 있는 도시가 될 것이다.

창원이 규격화되고 꾸며진 양옥집 같은 도시라고 한다면, 마산은 서까래에 까맣게 때가 묻어 있고 사립문 안이 포장은 안돼 있지만 부지런한 안주인이 정갈하게 가꾸어 가는 한옥 같은 도시라고 할 수 있겠다.

마산 시민들이 마산을 떠나지 않고 있는 이유를 들어 보면 여러 가지가 있겠지만 그래도 마산은 사람 냄새가 나고 정이 있으며, 뭔가 오밀조밀하고 아기자기한 맛이 있다는 얘기들을 한다. 마치 농촌에 사는 사람이 인분 냄새가 역겹지 않고, 바닷가에 사는 사람이 비릿한 갯내음이 오히려 정겹게 느껴지듯이 말이다.

이처럼 마산이 가진 많은 보물과 잠재력들을 발굴하여 잘 가꾸어 나가면 당장은 아니더라도 어느 정도 시간이 지나면 마산은 예전의 모습과는 또 다른 품격 있는 도시로 우리에게 다가올 것이 분명하다.

잃어버린 시민의 재산을 되찾아 주어야 한다

앞에 언급한 글과 중복되는 부분이 있지만 재차 강조해도 부족하지 않을 것이 있다. 바로 날로 축나는 시민의 재산이다.

얼마 전에 마산에서 약 30여 년을 살고 있다는 분과 점심을 함께하면서 들은 이야기다.

"마산을 책임진 사람들이 우리 시민의 재산을 박탈해 갔으니 이제 그 재산을 돌려주어야 하지 않겠느냐"고 말이다.

사실 민선 지방자치가 다시 재개된 것이 자치단체장 선거를 치른 1995년으로 볼 때 이제 15년이 지나고 있는데, 그동안 경남도내만 해도 많은 변화와 발전이 있었다.

우선 주위를 둘러보면 창원, 김해, 진해, 양산, 거제, 통영, 사천 등의 도시는 소득수준이나 그 도시의 모양새가 참 표 나게 변했다는 것을 확연히 느낄 수 있다. 심지어는 농촌지역인 고성, 함안, 밀양, 함양 같은 경우도 눈에 띄게 달라지는 모습을 우리 스스로도 본다.

앞에 예를 든 시 지역은 그래도 경남도내에서는 산업이 집중된 도시여서 최근의 중국이나 인도, 러시아 등의 호황에 힘입어 조선, 기계, 자동차 등의 산업이 활황을 보임에 따라 이 지역도 많은 수혜를 누리고 있다.

그러나 도시가 아닌 농촌지역인 인근의 고성도 공룡축제나, 조선산업단지 그리고 친환경농업단지 조성 등 괄목할 만한 아이디어와 추진력으로 지역에 활기를 불어넣고 있다. 또한 덕유산 자락의 산촌인 함양도 한국화이바의 유치, 대형 사계절 관광단지 조성, 골프장 유치, 부농의 육성 등으로 주목받을 만한 시책들을 펼치고 있다.

이런 일들은 무엇보다도 이 지역을 책임진 시장 · 군수들의 사심 없는 일에 대한 열정과 이를 뒷받침해주는 지역민들의 절대적인 지지가 있기 때문에 가능한 일일 것이다.

그런데 유독 이 마산만은 그 긴 세월 동안 거꾸로 바퀴를 돌려 끝없는 추락을 계속하고 있다는데 문제가 있다. 시민들은 자존심도 상하고 왠지 모를 분노가 치밀어 올라도 어디 하소연할 데가 없다. 어쩔 수 없는 당연한 일로 받아들이기엔 이 도시가 가진 잠재력이 아주 크기 때문에 안타까운 마음을 금할 수 없다.

그나마 이 마산을 지키고 앉아 있는 것은 자식을 키우면서 좀 반듯하게 만들고 싶어 교육수준이 괜찮다는 핑계로 남았었는데, 이제 교육도 창원에 뒤처지게 되었으니 할 말을 잃을 뿐이라고 말하는 사람들도 많다.

앞에서 언급했던 그분이 약 20여 년 전에 구암동에 2억 원을 들여 집을 구입했는데 그 당시로는 아주 꽤 괜찮은 집이었단다. 그런데 지금 그 집은 팔려고 내놔도 살 사람도 없고, 집값도 7~8천만 원을 받기가 어려울 거라고 한다. 자기가 인근에 발전하는 도시로 이주해서 땅을 사서 집을 짓거나 아파트를 샀으면 아마 적게 잡아도 10억 원의 가치는 되지 않았을까 싶단다.

그러니까 마산은 살림을 잘못 살아 상대적으로 시민들의 재산을 박탈해 간 것이 아니고 무엇이냐고 반문했을 때 별로 이의를 제기할 명분을 찾기가 어려웠다. 사실이기 때문이다.

혹자는 농산물도매시장이 내서로 이전하면서 농수산물의 집산지 역할을 상실하면서 더 어려워 졌다고 말하기도 하고, 또 창동, 오동동, 부림시장 등의 상권을 살려야 한다고 말하기도 한다. 그러나 그것은 마산이 어려워진 후의 결과로서 나타나는 현상일 뿐 그 근본원인이 될 수는 없다.

그러면 여기서 해법은 명약관화하다. 마산이 일어서는 유일한 빠른 방법은 무너진 생산기반을 조속히 일으키는 방법이 최선이라고 본다. 그러자면 적어도 시 외곽에 5~6백만 평의 공단이 조성되어야 한다. 인근 창원의 제조업 종사자가 10만 명을 넘는데 마산은 그 5분의 1인 2만여 명에 불과한 사실이 이를 증명해 주고 있다

기업이 들어오면 고용이 늘어나고, 주택수요가 창출되며, 소비도 늘어나게 되어 경제의 선순환 구조가 생기게 된다. 그에 덧붙여 부동산 등 시민의 자산가치도 자연히 증가하게 되는 것은 필연이다. 그러면서 주거나 교육수준, 환경 면에서 쾌적한 도시를 가꾸어 나가고, 마산이 지닌 문화예술적 자원을 잘 활용해서 품격 있는 도시로 만들면 더욱 금상첨화가 되지 않겠는가.

앞으로의 시대는 도시의 수준과 품격에 따라 인구가 이동하는 시대가 된다. 사람의 소득수준이 높아지면 결국은 쾌적하고 문화예술이 살아 숨 쉬면서 낭만적인 도시가 살고 싶은 지역이 될 것이기 분명하다. 그런 도시로 인구는 모여들게 마련이고 모여들면 시민들의 재산 가치는 계속 올라가게 된다.

시민들이 부자가 되면 세금을 많이 내게 되고 시정은 재원이 풍부해져서 시민들을 위한 각종 시설들이 들어서 다른 도시와 차별된 일류도시로 거듭나게 될 것이다.

여기서 한 가지 간과해서는 안 될 것이 하나 있다. 정책의 우선순위

에 대한 문제다. 사람의 궁극적인 목적은 여유로운 경제상황에서 쾌적하고 품격 있는 문화생활을 누리면서 사는 것일 것이다. 그런데 환경을 가꾸고, 문화예술을 진흥하는 일은 우리가 시간을 두고 꾸준히 추진해 나가야지 그것이 정책추진의 최우선 과제가 되기에는 마산의 사정이 너무 급박하다는 사실을 우리 시민들은 알아야 한다.

그러므로 우선, 경제와 교육에 대한 집중적인 지원과 육성을 통해 어느 수준의 여유로움은 확보해 놓고 그 뒤에 차순위의 정책을 차근차근 챙겨 나가야 할 것이다. 배고픈 사람에게 문화니 예술이니 하는 말은 배부른 자의 한가한 말장난으로 들릴 게 틀림없기 때문이다.

마산을 저탄소 녹색 성장 도시로

이제 저탄소 녹색 성장이다

이명박 대통령은 2008년도 8 · 15경축사에서 국가의 새로운 성장동력의 원천을 저탄소 녹색 성장에 두고, 우리 다음 세대가 몇십 년 동안 먹고 살거리를 만들겠다고 공언했다. 나는 뒤통수를 한대 얻어맞은 기분이었다. 왜냐하면 평소에 승부를 걸어 보고 싶었던 일에 선수를 빼앗겼다는 허탈함과 함께 약 3년 전부터 언론기고나 책임 있는 분들에게 수차례에 걸쳐 의견 개진을 했건만 메아리 없는 지역의 무관심에 실망했기 때문이다.

저탄소 녹색성장의 구체적인 실천방안으로는, 2020년까지 그린 홈Green Home 100만호 보급과 세계 4대 그린 카Green Car 강국 도약 프로젝트를 제시했다. 그리하여, 현재 5% 남짓한 에너지 자주 개발률을 2050년에는 50%로 끌어 올리고, 현재 2%에 불과한 신재생에너지 사용비율을 2030년에 11% 이상, 2050년에는 20% 이상으로 높이도록 하는 국가에너지 기본계획을 마련하겠다고 한다.

이 기조는 너무나 당연하고 명쾌한 논리이자 귀결일 수밖에 없다. 우리가 지금 대부분을 의존하는 석유를 비롯한 화석연료는 어차피 부존자원이 한정돼 있어 시간이 지나면 고갈될 자원이므로 그 전에 근본대책을 세워야 한다. 그 방향은 결국 국가 에너지 자급률을 높이는 것이고, 청정Green 에너지원의 확보가 유일한 대안이기 때문이다.

녹색기술의 세계시장 규모는 2005년 1,300조 원에서 2020년엔 3,000조 원으로 늘어나고, 전통산업과 비교해서 일자리 창출도 2~3배나 높다고 한다. 녹색기술은 크게 대별해서 3가지로 나눌 수 있다.

첫째가 태양광, 풍력, 바이오에너지, 지열 같은 신재생에너지 산업이다.

둘째는 배기가스 저감장치, 즉 저탄소배출 관련 산업인데 이번에 중점 육성 프로젝트로 제시된 '그린카'와 연계되는 플러그인 하이브리드카, 클린디젤차, 연료전지차, 전기자동차, 수소차 등 자동차와 수력과 원자력발전산업, 클린에너지 관련산업, 대기오염방지 관련 산업이 여기에 포함된다.

세 번째는 수질오염방지 및 수처리산업, 자원재활용산업 등이 모두 여기에 해당된다고 할 수 있다.

시장규모에서 알 수 있듯이 녹색기술 산업은 기존의 주종산업인 정보통신, 반도체, 자동차, 조선, 기계 등을 훨씬 능가하게 되고, 민간 기업들도 앞으로 경제의 주 성장동력원으로 신재생에너지. 환경산업 즉, 녹색기술산업을 꼽는데 전혀 주저하지 않는다.

지금 국내외의 유수한 민간 기업들이 기업발전과 도약을 위해 새로운 수종사업을 끊임없이 찾고 있는데, 예외 없이 이 녹색기술산업에 투자의향을 갖고 있거나 R&D에 몰두하고 있다.

그런데 이 녹색기술 관련 산업을 가만히 들여다보면 대부분 기계, 자동차와 같은 전통산업과 밀접한 연관이 있고, 기존의 중후 장대한 전통산업은 경남이 최대의 집적지이자 관련 노하우가 축적되어 있다는 사실이다.

그리고 지금 우리의 기술수준은 선진국에는 품질 면에서, 중국 · 베트남 같은 개도국에는 가격 면에서 급속히 추격당하는 소위 '넛 크래커' 신세에 놓여 있다. 그래서 기존의 산업도 한 단계 업그레이드되지 않으면 심각한 국면에 놓이게 되고, 그 직격탄을 우리 경남지역이 받게 된다는 사실은 자명하다.

그런 면에서, 이번 이명박 대통령의 녹색성장 주창은 시의적절하고, 경남에는 절호의 기회가 찾아왔다고 할 수 있다.

마산 창포지역을 녹색산업단지GREEN-COMPLEX로

마산인구는 1989년 50만 5천 명을 정점으로 계속 줄어들어, 이제 41만 명을 조금 넘지만 얼마 있지 않으면 40만 명 선도 위협을 받을 입장에 처해 있다. 그 원인에 대해서는 그동안 많은 진단과 분석이 있어 굳이 재론하지 않더라도 시민들이 너무나 잘 알고 있다.

규모는 고사하고 등록 공장수만 하더라도 창원이 3배가 많으며, 제조업 종사자는 거의 5배나 많다.

그 지역경제의 좋고 나쁨은 번화가 밤거리의 불빛 밝기를 보면 안다고 한다. 창원의 상남동과 마산의 오동동을 한번 비교해 보시면 금방 알게 될 것이다. 마산이 왜 그렇게 어두우냐 하면, 세입자가 없거나 경매에 들어가 문을 닫고 철시를 한 점포가 너무 많기 때문이다.

어느 분이 한 토론회에서 우스갯소리로 마산의 어려움을 표현하면서 점심시간에 창동에 내려 식당을 찾는 그 작은 시간에 철시된 가게 수를 세었더니 20개가 넘더라는 참 어디 내놓고 얘기하기도 부끄러운 현실이라고 하면서 안타까워한다.

그러면 지금이 그처럼 어려우면 대책을 강구하면 되지 않느냐고 반문할지도 모른다. 물론 그렇다고 답할 수 있다. 특히 무너져 내린 원인을 분석해서 그 반대로 정책을 강력하게 추진하면 마산도 살아날 수 있을 것이다. 특히 제조업이 많이 떠났으니까, 제조업을 유치할 수 있는 공단을 빨리, 많이 공급하면 고용도 늘어나고, 주택수요도 늘어나며, 소비도 살아나서 경기의 선순환이 이루어질 것이다. 그러나 이 일이 생각처럼 그렇게 녹록하지가 않다는 데 문제가 있다. 지금 수정만 STX 유치건만 봐도 마산에 기업을 유치하기가 얼마나 어려운지 알 것이다.

그리고 인간의 근본적 삶의 목적이 풍요롭고 쾌적한 환경에서 품격 있는 문화를 향유하면서 사는 것이기 때문에 도시 관리도 그런 차원에서 느리지만 환경, 문화 콘텐츠, 관광 등에 초점을 맞추어야 한다는 주장들이 많이 나오고 있다. 특히 마산의 경쟁력을 거기에서 찾아야 한다는 목소리도 강한 것이 사실이다.

물론 맞는 말이다. 그런데 한 가지 사실을 간과하고 있다는 점을 알아야 한다. 그것은 환경과 문화 콘텐츠 육성은 그 지향점은 당연하지만 투자에 따른 회임(회수)기간이 지나치게 길기 때문에 어려운 문제를 야기한다는 사실이다.

즉, 지금 마산 시민들에겐 참기 힘들 정도의 경제상황이기 때문에 보다 빨리 그 효과를 볼 수 있는 처방이 필요한데, 장래를 생각해서 계속 참으라고 한다면 결국 움켜쥔 허리띠를 더 졸라매라는 얘기와 똑같다. 과연 미래의 멋진 도시 구현을 위해 현재의 고통을 더 참아 달라고 시민들에게 계속 요구할 수 있는지 의문이다.

다시 말해서 의사가 내린 진단에 따라 마산에는 급한 김에 알부민 주사를 놓아야 하는데, 나중에 면역력도 약해지니까 포도당 주사를 놓지만 효과를 별로 보지 못하게 되는 것과 같다고나 할까.

그렇다면 마산의 경우 이런 문제를 해결하기 위해서는 동시다발적인 처방을 할 수밖에 없다고 본다. 즉, 환경피해는 최소화하면서 우선 주민의 호주머니를 채워줄 공단 조성을 시 외곽지역에 일정 규모 이상 반드시 추진해야 한다. 그 방법은 얼마든지 있다.

그리고 문화와 환경, 교육에 대한 투자도 지속적으로 늘려 두 마리 토끼를 잡도록 해야 한다. 이것은 되고, 저것은 안 된다는 양단간의 사고는 위험하고, 마산이 생각처럼 그렇게 기다려 줄 정도로 한가로운 도시가 아니라는 점을 알아야 한다.

그래서 여기서는 외곽에 조성하는 공단 중 가장 규모가 크고, 관심의 초점이 되고 있는 창포지역의 개발에 대해 제안을 하고자 한다.

창포임해산업단지는 면적이 943.5만㎡로서 아주 큰 규모의 공단을 조성할 수 있다. 이 정도 규모의 공단을 조성하려면 반드시 국가공단이 되어야 한다. 왜냐하면 공단에 소요되는 용수, 전력, 도로, 하수종말 처리 등의 사업에 엄청난 비용이 소요되기 때문에 지방으로서는 한계가 있을 수밖에 없기 때문이다. 요즘은 국가도 직접 공단조성을 잘하지 않기 때문에 국가공단이 되려면 거기에 합당한 명분이 있어야 한다.

그래서 나는 신재생에너지, 환경관련 국가전용공단, 즉 녹색산업단지GREEN-COMPLEX를 만들자고 제안하는 것이다. 우리나라는 지금 현재는 기존의 중후장대한 산업인 조선, 자동차 기계업과 IT산업인 가전,

휴대폰, 반도체 등으로 먹고살고 있다. 그러나 이 분야가 앞으로도 계속 나라를 먹여 살릴 것이라고는 아무도 장담할 수 없다. 앞으로 우리 국민이 먹고살아야 할 신수종사업을 찾아 나서야 할 시기인 것이다.

이미 기업들은 그런 분야에 대한 관심과 연구를 부단히 계속해 오고 있는데, 블루오션을 창출할 미개척 분야이면서 아직은 초기에 불과한 신재생에너지와 환경분야 산업이 바로 여기에 해당된다고 할 수 있다.

국내 굴지의 기업그룹들이 태양열, 풍력, 바이오에너지, 2차 전지 등 신재생에너지에 대한 투자에 관심을 표명하고 있으며, 기후변화 대응전략 차원과 교토체제에 따른 온실가스 감축 의무규정에 따라 대처방안을 계속 모색하고 있다. 즉 수처리산업과 배기가스 저감장치와 관련된 분야가 앞으로 각광을 받게 될 것으로 본다.

따라서, 국가에 명분도 주고, 앞으로 우리나라를 먹여 살릴 주력업종을 우리 지역에 유치함으로써 그 과실을 우리가 딸 수 있는 국가공단조성을 강력히 추진해야 한다. 더욱이 이 산업들은 기존의 창원기계공단과의 시너지효과도 노릴 수 있기 때문에 금상첨화라고 할 수 있다.

경남과 마산을 책임진 분들의 관심과 함께 이 정책이 강력하게 추진되었으면 하는 소박한 마음에서 제안을 해 본다.

마산 로봇랜드가 성공하려면

국내에서뿐만 아니라 세계에서도 처음으로 로봇을 주제로 한 테마파크가 우리나라에서도 조성된다. 2009년 12월 29일, 정부는 세계 최초로 조성하는 로봇랜드의 사업자로 마산과 인천 두 곳을 동시에 선정했다. 마산에도 구산면에 2014년이면 문을 열게 된다. 마산시는 2012년에 개최되는 여수 세계엑스포에 맞춰 일부는 조기개장을 했으면 하는 바람도 갖고 있다. 설레는 일이 아닐 수 없다. 이름 하여 마산 로봇랜드다.

마산의 로봇랜드는 마산시 구산면 구복리 일원 약 99만㎡에 2009년부터 2013년까지 5년간, 사업비 7,000억 원을 들여 로봇연구단지, 전시관, 박물관 등 28개 공익과 수익시설을 설치한다는 것이다. 사업비의 약 50%는 민자로 조달하게 계획되어 있다.

이 사업에는 민자를 포함 총 7,000억 원이 투입되고, 이 사업으로 지역경제에는 3조 6천여억 원의 효과와 2만3천여 명의 고용, 그리고 연간 이용객도 5백만 명에 이를 것으로 마산시는 추정하고 있다.

정말 20여 년을 내리막길만 걸어온 마산으로서는 가뭄에 단비가 아닐 수 없고 이 일은 쌍수를 들어 환영해야 할 일이다. 물론 행정에서 추정하는 경제적 효과가 다소 과장된 측면이 없지는 않지만 그 숫자가 무슨 대단한 일이겠는가. 아무튼 꺼져가는 마산에 성장동력의 불씨를 지필 수 있는 계기를 만들었다는 점에서 평가해 주어야 할 일이라고 본다.

그런데 호사다마라고나 할까. 이렇게 좋은 일에도 반드시 어떤 문제는 따르기 마련이다. 여기서 그 문제를 얼마나 슬기롭게 극복하느냐 하는 과제가 남는다. 그 문제는 크게 봐서 두 가지로 나누어 생각해 볼 수 있다.

우선 첫 번째는 마산과 인천이 로봇 관련 시설물을 나눠 갖는다는 것이다. 잘 아시다시피 인천은 영종도 신공항이 위치한 대한민국의 관문이다. 세계에서 처음으로 추진하는 로봇테마파크가 성공하려면 국내뿐만 아니라 해외의 관광객 유치가 그 성공의 핵심요소라고 할 수 있다.

그러면 여기서 곰곰이 생각해 보자. 두 개의 로봇테마파크를 차별화해서 조성한다고 하지만 지금 우리의 기술을 보건대 그렇게 확연한 차별화는 쉽지 않아 보인다.

그런 입장에서 보면 마산의 경쟁력은 어느 정도일까 하는 궁금증이 있다. 해외 관광객의 주류는 중국인일 것이고 중국 사람들은 주로 인천을 통해 한국에 들어오게 되어 있다. 마산은 그 위치나 접근성에서 인천과 비교가 될 수 없다.

이런 불리한 여건을 어떻게 극복하느냐가 가장 중요한 관건이다. 극복방안이 어렵긴 해도 지혜를 발휘하면 방법은 있을 것이다. 이미 정치적 해결의 한계를 보인 상태지만 하드웨어의 문제는 소프트웨어로 극복할 수밖에 없지 않는가. 이를 위해 관계자들은 밤을 새워 지혜를 짜내어야 한다.

필자 역시 전문가는 아니지만, 실패할 확률을 확실히 줄이는 방안을 고민하고 있다. 바로, 민자유치보다 공공투자부문을 획기적으로 늘리는 것이 그 첩경이 될 것이다. 여기서 공공부문은 산업용로봇의 R&D단지, 부품 · 소재의 가공, 로봇생산단지, 테스트베드, 대형 전시판매장 등을 말한다.

여기에 더해, 정부에서 계획하고 있는 로봇관련연구소 등을 유치해서 기존 마산 중리공단에 있는 경남거점로봇센터와 연계하여 명실공히 세계적인 로봇산업 클러스터를 만들었으면 한다.

여기서 매년 대규모 로봇전시회나 로봇기술 경연대회, 학술세미나 등을 열어 관련 전문가들을 끊임없이 불러들여야 한다. 그래서 산업용 로봇에 관한한 기술발전 추세도 알고, 제품도 구입하며, 관광도 할 수 있는 곳이 바로 마산 로봇랜드가 될 때 이 사업은 성공할 수 있다고 본다.

다음으로, 민간이 투자하는 테마파크, 호텔 등의 분야는 공공부문의 역할을 지원하거나 보조해 주는 그런 정도의 비율만큼 유치되어야 한다. 산업용 첨단로봇을 구입하거나 로봇을 이용한 테마파크를 찾는 사람들이 머무르고, 먹고 마실 수 있는 시설들을 마련하면 될 것이다. 이 부문은 로봇랜드의 성공여부에 따라 차후에 얼마든지 확대해도 된다.

민간기업은 돈이 되는 사업은 언제, 어느 곳이라도 들어오게 되어 있기 때문이다. 그러니까 미리부터 서두르고 확대할 필요가 없다는 것이다.

지금 마산 로봇랜드의 사업비용을 보면 대략 공공과 민간부문이 50:50의 비율인데, 이것을 70:30이나 80:20 정도의 비율로 바꿔야 한다.

그래야 연구개발과 전시판매장에 대한 예산지원이 계속 이루어지게 되고, 테마파크의 업그레이드에도 정부지원이 계속될 것이며, 그만큼 실패의 확률도 줄어들게 될 것이다. 또 민간자본 유치에 대한 부담도 덜게 된다.

다음으로 두 번째 문제는 로봇은 첨단산업이기 때문에 기술의 라이

프사이클이 아주 짧다는 점이 고려되어야 한다고 본다. 이처럼 기술변화의 속도가 아주 빠른 로봇 분야는 항상 최첨단 로봇기술을 관람객들에게 보여줄 수 있어야만 성공이 보장된다는 것이다.

예를 들어 로봇랜드를 조성할 시점의 기술은 준공이 가까워졌을 때는 쓸모없는 기술일 수도 있다. 그러므로 이 기술들은 끊임없이 업그레이드가 되어야 하고 그러자면 정부의 지속적인 지원이 뒷받침되어야 한다. 우리가 대전 엑스포 관련 시설이 무용지물이 된 사례를 생생하게 기억하고 있지 않은가 말이다.

그러니까 마산의 로봇랜드 사업은 중앙정부의 지속적인 지원약속을 받아내는 일에도 신경을 써야 하고, 지적된 문제점을 먼저 인식하면서 안전장치를 강구해야 할 것이다.

분명한 것은 로봇랜드가 가만 있어도 마치 이 지역을 먹여 살려주는 무슨 마술 항아리인 양 그 유치에 성공한 공적만 떠들썩하게 자랑만 할 일이 아니라는 것이다. 지금부터라도 머리를 싸매고 고민해야 한다. 그렇지 않으면 거대한 유령의 집이 되고 만다는 것을 명심해야 한다.

앞으로 본격적인 로봇랜드의 밑그림 그리기 작업이 시작될 것이다. 경상남도와 마산시 관계자들은 이 점을 분명히 인식해서 신중하게 계획을 수립해 주었으면 한다. 마산의 100년 대계를 위하고, 경남도의 신성장 동력을 확보한다는 측면에서 이번 마산 로봇랜드가 반드시 성공한 사업이 되길 기원해 본다.

도시의 경쟁력은 디자인이다

2004년쯤으로 기억된다. 삼성그룹 산하 전 경영진이 참여하는 전략회의가 이태리 밀라노에서 열렸다. 밀라노가 어떤 도시인가? 레오나르도 다빈치의 〈최후의 만찬〉이 걸려 있는 산타마리아 교회, 오페라의 전당 〈스칼라 극장〉으로도 유명한 도시지만 이탈리아 북부의 제2의 도시로서 세계 패션계를 선도하는 도시로 더 유명하다.

아르마니Giorgio Armani, 프라다Miuccia Prada, 모스키노Franco Moschino, 베르사체Gianni Versace 등 쟁쟁한 패션 디자이너들이 이 밀라노를 기반으로 전 세계적인 명성을 드날렸던 세계 패션의 대표도시가 바로 밀라노이다.

반도체, 휴대폰, 그리고 가전 등 각 분야에서 세계적인 경쟁력을 갖춘 삼성그룹 CEO들이 밀라노에서 전략회의를 가졌다는 건 그만큼 제품 디자인의 중요성을 반증하는 것이 아니겠는가?

개인과 기업의 입장에서는 이처럼 디자인의 중요성에 대해 그 가치를 인정하고 투자를 점차 확대해 가는 추세다. 사람들이 패션이나 건축, 가구, 인테리어 등에 디자인 개념을 적용하고, 기업들의 제품이나 포장용기 등의 디자인에 따라 제품가격이 차별화되는 그런 시대에 우리는 살고 있다.

그러면 공공부문의 디자인은 어떤 수준인가? 아직까지는 디자인을 마치 치장과 낭비의 한 방편으로 생각하고, 그 도시의 기능과 삶의 가치를 증진시키는 중요한 요소가 된다는 인식이 현저히 부족하다.

우리는 이제 겨우 소득 2만불 언저리에서 미적거리고 있다. 지속 가능한 성장과 풍요로운 삶을 영위하기 위해서는 도시에 디자인 개념이 도입되어야 한다.

여기서 잠깐 곁눈질을 해보자.

중국의 눈부신 성장과 발전에는 전 세계가 경탄하고 있다. 여러 차례 중국을 방문했지만 갈 때마다 그 변화무쌍함에 눈이 휘둥그레진다. 경제적 성장 못지않게 내가 놀라는 것은 도시 공간구조의 재창조이다. 특히 2008년 북경올림픽 이후 엄청난 변화를 가져왔다.

내가 가 본 베이징, 상하이, 센양, 샤먼, 칭따오 등의 도시는 잘 정비된 도심공원, 시간에 따라 색조가 바뀌는 야간조명 가로등, 시민과 친숙한 친수공간, 잔여시간을 알려주는 예쁜 교통 신호등, 야간 경관조명 등으로 활력이 넘치고 있었다. 홍콩과 인접한 광조우성은 1인당 GRDP가 1만 불을 넘었다지만, 아직 중국 평균으로는 2천 불弗에도 못 미치는 국가의 도시 재창조에 부러운 마음이 들었다.

민선지방자치가 시행된 지 10년을 넘긴 지금 우리의 도시들도 점차 차별화되고 있다. 무엇보다 자치단체장과 소속 공직자들의 마인드가 바뀌어야 한다. 공공부문에서 디자인 개념을 적용해야 할 분야는 무궁무진하다.

건축물, 녹지 공간, 길거리 간판, 보도블록, 정류장 등 각종 표지판, 하천과 해변, 경관조명 등 많은 분야에 이 디자인 개념을 적용하면, 도시의 기능성 제고는 물론 궁극적으로 고품격의 사회적 가치를 창출할 수 있다. 여기에다 교육기반을 강화한다든지, 각종 생태환경, 문화 · 예술분야 등의 콘텐츠를 보강한다면 금상첨화가 될 것이다.

앞으로는 이러한 경쟁력을 갖춘 도시로 인구가 이동하는 시대가 반드시 오게 된다. 그러기 위해서는 각종 하드웨어에 디자인 개념을 적용하고 소프트웨어인 다양한 콘텐츠를 갖추기 위해 노력해야 한다. 그것이 바로 도시의 차별화이고 경쟁력이며 미래 선진도시의 모습이다.

멋진 옷을 입고 잘 설계된 집에서 명품디자인으로 꾸며진 가구와 주방만 접하고 살면 인간의 삶은 행복할까? 집을 나서는 순간 우리가 부딪히는 제반 공공시설물이 그 기능과 품격에서 개인의 생활공간에 못 미친다면 결코 행복지수가 높다고 할 수 없을 것이다.

우리가 중동 산유국들을 국민 소득이 높다고 선진국이라 부를 수 없는 이치와 똑같다. 거기에 더해 아름다운 도시의 빌딩들 속에서 쾌적한 녹지공간과 잘 정비된 각종 편의시설을 이용하면서, 수준 높은 교육과 다양한 문화 예술공연을 즐기는 것이 진정으로 행복하고 풍요로운 도시 생활일 것이다.

일류도시는 말이나 구호로만 되는 것이 아니고 끊임없는 창조 정신과 상상력 그리고 앞선 도시들에 대한 벤치마킹이 있어야 가능하게 된다.

신화창조와 걸림돌의 차이

얼마 전 지방신문에는 STX조선의 중국 다롄 조선기지 준공식에 관한 기사가 크게 실렸다. STX는 중국 랴오닝성 다롄시 장흥도에 있는 조선기지에서 공사 착공 2년, 생산 시작 1년 만에 2척의 벌크선 명명식을 가졌다는 것이다. 언론에서는 수주 잔량 기준으로 세계 4위의 STX가 조선의 새 역사를 썼으며, 신화를 창조했다고 극찬하고 있다.

STX 다롄기지는 총 550만㎡(170만 평) 규모로 진해조선소의 5배가 넘고 여기에는 STX의 국내 협력업체 26개가 진출해 있으며, 한국인 500명 등 총 1만여 명이 근무하고 있다고 한다.

여기서 나는 STX가 건설기간을 앞당기고, 건조기간을 단축해서 세계 속에 우뚝 서는 모습에는 찬사를 보내지만 그것은 어디까지나 기업의 문제여서 큰 관심은 없다.

다만, STX 중국 다롄 조선공장 준공식을 언론을 통해 지켜보면서 반사적으로 STX 수정만 조선기자재 단지가 내 머릿속에 오버랩되어 착잡한 심정으로 이 글을 쓴다. 세계적인 부러움과 찬사를 받으며 오늘날 이처럼 성장한 우리나라가 이제는 사회 각 분야에서 지역을 가리지 않고 동맥경화를 일으키면서 성장이 정체되는 파열음을 내고 있다.

내가 살고 있는 마산도 예외가 아니다. 건물 하나 공장 하나 짓는데도 매번 집단민원에 시달린다. 게다가 행정을 수행하는 공직자들은 주인의식이 결여되어 소극적으로 대응하다 보니 피해는 사업자만 입게 되고, 결국 주민과 행정당국에 대한 기피증과 불신만 쌓이게 된다. 기업하는 사람이 마산으로 오고 싶은 마음이 없어지고, 그 피해는 고스란히 시민이 안을 수 밖에 없다. 빈곤의 악순환은 여기서도 적용된다.

수정만 매립지는 그 면적이 약 23만㎡이고, 지난 1990년 두산그룹에서 인구 50만을 넘은 마산 외곽에 쾌적한 주거공간을 마련할 목적으로 개발을 시작했다. 그렇지만 잘 알다시피 마산의 여건은 아주 달라져 침체 일로를 걸었고, 개발 주체인 두산 측도 우여곡절을 겪은 끝에 이 땅을 STX에 넘긴 것이다.

사실 이 땅은 내 자신이 마산 부시장으로 재임할 때, 현재의 여건상

주거지역으로의 개발은 힘들어 도시계획을 변경해서 기업용지로 사용하고자 마산시가 주도적으로 추진한 사업이다. 그 과정에서 지난 2006년에 사업자인 두산에게 매각을 요청하고, 매입자인 STX 측을 적극적으로 유치하여 오늘에 이르고 있다.

STX수정단지가 가동되면 약 5천여 명의 고용과 연간 6천억 원의 경제유발 효과를 기대하고 있는데, 가뜩이나 어려운 마산으로서는 경제에 숨통을 좀 틔워주는 사업이고, 앞으로 개발 여하에 따라서는 상당한 규모의 공단으로 자리매김을 할 수 있는 좋은 기회라는 판단에서 추진했던 것이다.

그런데 막상 STX의 중국 다롄 조선기지는 이처럼 초스피드로 진행이 되어 선박건조를 본격적으로 추진하는데 비해, 수정만 조선기자재단지는 작은 규모인데도 협약을 체결한 지 4년이 지나도 완전한 밑그림이 나오지 않으니 안타깝다.

여기서 우리는 세계경제의 큰 흐름을 쥐고 있는 중국과 우리의 차이를 본다. 집단민원은 또 그렇다고 하더라도 행정절차는 무엇 때문에 그렇게 더디게 진행되어야 하는지 모르겠다. 누구를 위한 행정이냐고 반문하고 싶다.

차분하고 냉정하게 한번 생각해 보자. 이 땅을 공단이 아닌 원래의 목적인 주거지역으로 개발했다면 과연 옳은 선택이었을까? 그 부분에 대해서도 그다지 고개가 끄덕여지지 않는다. 지금 마산은 인구가 줄어들고, 기업이 떠나가서 주택수요가 거의 없다. 도심은 공동화되고, 주거지역은 슬럼화되어 빈집이 늘어 간다. 이런 상황에서 외곽에 개발하는 주거단지는 지금 활용가치가 거의 없다. 그런데 수요가 없다고 빈 땅을 그대로 놀려두면 사업주체인 건설회사도 적자가 나서 어렵지만, 수정 주민들도 아무런 득이 없다.

지금 마산은 기업이 들어와야 한다. 공장이 세워지고, 고용이 늘어나면 주택수요도 생기고, 그 지역은 장사도 잘 되는 이중의 효과가 나타나게 된다. 그 일차적인 수혜는 말할 것도 없이 수정 주민들이 누리게 된다.

마산이 해결해야 할 가장 선결과제는 기업유치를 통한 일자리 창출이다. 물론 지속가능한 개발을 통해 우리 후손들에게 아름다운 고장을 물려줘야 할 책임도 역시 우리에게 있다.

지난 오랜 세월 동안 힘들고 고단한 삶을 이어온 마산 사람들에게 쾌적한 환경과 품격 있는 문화를 얘기하면 가진 자들의 배부른 콧노래로 들릴 수밖에 없다. 그래서 어쩌면 더욱 자존심 상하고 마음이 더 격해지는지도 모른다. 지금 마산시민은 우선 굶주림을 면할 빵이 필요하다. 이 빵을 구워내려면 빵을 굽는 기계를 제대로 들여와야 한다. 그것이 바로 기업유치이다.

결국 기업이 그 지역경제를 지탱하고 지역민을 먹여 살리는 원천임을 알아야 한다. 그런데도 기업이 들어오는 것을 한사코 뒷다리를 걸어

막을 것인지 반문하지 않을 수 없다. 그러면 결국 가난과 피폐를 각오해야 한다.

이제 마산은 오랜 침묵을 깨고 제자리를 찾아 비상해야 한다. 그러기 위해선 우리 모두가 기업유치에 한마음이 되어야 한다. 시민과 공직자가 시정 발전의 걸림돌이 아니라 마산의 새 역사를 창조하는 주체가 되어야 한다.

그것이 진정 마산이 사는 길이다.

마산과 경기도 성남시가 조용한 도시라는데

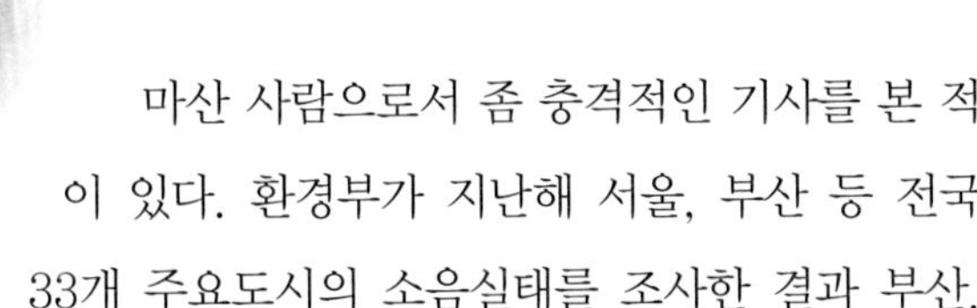

마산 사람으로서 좀 충격적인 기사를 본 적이 있다. 환경부가 지난해 서울, 부산 등 전국 33개 주요도시의 소음실태를 조사한 결과 부산, 대구, 인천, 춘천, 수원 등 5개 도시가 모두 환경기준을 초과해서 밤낮으로 소음에 시달리는 것으로 나타났다는 것이다.

일반주거지역을 기준으로 낮 시간에는 55㏈, 밤 시간은 45㏈이 기준치인데 이를 상당히 초과했다는 것이다. 낮 시간 일반주거지역의 경우 부산 등 6개 도시만 기준을 초과했지만, 밤 시간에는 전국 20개 도시가 기준을 초과했단다.

그런데, 여기까지는 내가 살고 있는 지역의 문제가 아니어서 별로 실감이 나지도 않고 관심 또한 없어서 무심코 넘겼었다. 그런데 문제는 바로 그 기사 끝자락에 있는 내용을 보고 마치 뒤통수를 얻어맞은 기분이었다.

밤과 낮을 통틀어 모두 소음치의 환경기준을 달성한 곳은 경기도 성남과 경남 마산 두 곳뿐이라는 것이었다. 즉 소음기준치에 미달했다는 말이다. 얼핏 생각하면 기준치를 달성했으니 환경적으로 쾌적하고 좋은 일인데 뭐가 문제냐고 할지 모른다. 실제로 좋은 일이기도 하다.

그런데 환경기준치를 충족한 두 도시를 보고는 정말 씁쓰레한 생각을 지울 수가 없었다.

먼저 잘 알다시피 경기도 성남은 서울의 인구 분산을 위해 정부가 1차로 만든 신도시인 분당이 소재해 있는 도시다. 그리고 한때 우리 영화계를 주름잡던 마산 출신의 이대엽 씨가 국회의원을 거쳐 민선 성남시장을 내리 3선을 하고 있는 도시이기도 하다.

분당은 정부의 의욕만큼이나 도로나 주택가 사이의 차단녹지가 잘되어 있고, 각종 공공기관들도 많이 위치해 있어 주거조건이 매우 쾌적하고 따라서 집값도 강남을 육박할 정도로 아주 비싸다.

그런 성남이 소음기준치가 낮다는 것은 바람직하고 정말 좋은 일이다. 앞으로도 성남으로의 인구가 더 몰리고, 집값은 더 올라가는 긍정적인 효과가 기대된다.

그런데 정작 문제는 마산의 소음치가 밤과 낮을 가릴 것도 없이 기준치보다 낮다는 것이다. 마산은 배산임해형 구조를 가진 도시여서 도시 중심부의 가용면적이 적고, 그러다보니 공원이나 녹지 또한 태부족 상태이다.

따라서 주거지역도 차단녹지가 없이 일반도로와 바로 접한 경우가 많고 그만큼 소음에 노출되어 있다고 할 수 있다. 그런 마산이 왜 기준치에 훨씬 미달하는 것일까?

그것은 바로 기업이 도산하거나 떠나가고, 공공기관들이 창원으로 옮겨 가는 바람에 마산의 경제가 활기를 잃고, 인구도 전성기에 비해 10만 명 이상이 더 줄었기 때문이다. 한마디로 끝을 모르고 추락을 거듭해온 결과가 바로 소음치의 저감에 기여했다는 현실이 서글픈 것이다.

경제지표를 보면 이같은 사실이 확연히 드러난다. 가장 최근의 통계자료로 지난해 말 발표한 경남도의 1인당 지역내총생산은 평균 약 19,376달러이다(2006년 기준, 당시환율을 1달러당 1,000원으로 계산할 경우).

그런데 창원은 24,708달러이고, 마산은 10,377달러에 불과하다. 마산은 경남 평균치의 절반을 겨우 넘어서는 수준이고, 창원은 마산의 2.4배에 달한다.

그 근본적인 이유가 무엇일까?

바로 기업, 즉 제조업이 무너졌기 때문에 마산의 형편이 이런 것이다. 창원은 제조업 종사자가 10만을 넘어 인구의 20%가 제조업에 종사하고 있다. 반면, 마산은 2만 명을 좀 넘어 겨우 5% 정도가 제조업에 종사하고 있으니까 이런 결과가 나오는 것이다.

여기서 우리는 명확한 결론을 내릴 수 있다. 마산을 살리는 데는 여러 가지 방안이 있겠지만, 가장 시급하고 중요한 일은 바로 대규모 공단 조성을 통한 기업유치가 그 관건이라는 사실이다. 물론 교육수준을 높이고, 쾌적한 주거환경도 가꾸어야 한다.

우연히 신문에서 본 기사지만 마산을 생각하면 너무 가슴 아픈 내용이기에 푸념 섞어 몇 자 적어 본다.

제5부

삶의 길목에서 떠오르는 단상들

지금 우리는
각자 길 떠날 채비를 제대로 갖추고 있는가?
먼저 떠난 사람이 기회의 강을 건너 떠오르는
찬란한 태양을 먼저 맞이하게 될텐데…….

새벽 동이 트기 전에 기회의 강을 건너자

거리에서 만나는 사람들은 어려움을 토로하는 사람들로만 가득 차 있는 느낌이다. 부림시장에서도 어시장에서도 비슷하다. 그리고 이런 현상은 연습이 아닌 실제상황이기에 더 답답하다.

1997년 IMF 경제위기는 한국과 태국, 인도네시아 등 몇몇 아시아 국가들에 국한되어 그들 나라의 문제만 해결되면 되는 국지전이었다. 그러나 지금의 경제위기는 미국발 금융위기에서 시작되었지만, 이것이 실물경제로 옮겨 붙어 전 세계를 옥죄고 있는 전면전에 해당한다.

특히, 우리같이 자원의 대외의존도가 높고 해외시장에 상품을 팔아

먹고사는 나라는 세계경제지표의 작은 움직임에도 마치 롤러코스터를 타고 있는 것처럼 심하게 요동을 친다. 마치 춤추는 꼭두각시 같다. 국가의 품격과 국민성에도 문제가 있겠지만 오죽했으면 인터넷 논객 미네르바를 경제대통령이라 칭했을까?

주식시장과 환율시장은 하루에도 천당과 지옥을 몇 번이나 오가곤 한다. 경제가 어려우면 정치에도 많은 영향을 미친다. 선거에서도 경제가 최우선이고 선거 후 국정운영에도 경제상황에 따라 지지도가 급등락을 거듭한다.

제2차 오일쇼크가 일어난 다음해인 1980년 미국선거에서도 예외는 아니었다. 당시 민주당 대통령이었던 지미 카터에 대해 공화당 후보인 로널드 레이건도 경제문제를 집요하게 물고 늘어졌다. 그때의 선동연설한 대목이다.

> "경기후퇴란 우리 이웃이 일자리를 잃었을 때를 말하고, 경제불황은 내가 일자리를 잃었을 때를 말합니다. 그럼, 경기회복은 언제쯤 시작될까요, 바로 지미 카터가 일자리를 잃어야만 시작될 것입니다."

이 연설 덕분이었을까. 땅콩농장 주인이자 현직 대통령 카터는 캘리포니아의 영화배우에게 그 자리를 내주고 말았다.

1991년 이라크의 쿠웨이트 침공에 대한 연합국의 응징으로 미국이

주축이 된 걸프전은 한 달 반 만에 끝이 났다. 미국 41대 대통령 아버지 부시는 걸프전에 따른 재정적자와 경상수지적자로 미국경제가 어려움을 겪고 있는 가운데 1992년 재선을 위한 선거운동에 들어갔다.

이때 클린턴의 미디어 홍보 전략가였던 제임스 카빌은 걸프전의 승리에 취해 휘청거리는 경제를 못 보는 부시에게 "문제는 경제야, 이 멍청아!"라는 슬로건으로 시골뜨기 아칸소 주지사인 클린턴을 백악관으로 인도했다.

경제대통령을 표방하고 대통령선거에서 압도적인 표차로 당선된 이명박 대통령도 취임 직후의 미국 쇠고기 파동, 각종 인사에서의 문제도 있었지만 작금의 경제상황 때문에 지지도가 썩 높이 올라가지 못하고 있다. 이 역시 경제가 정치에 최우선적으로 영향을 미치기 때문이다.

그러나 우리는 어렵고 힘든 상황에서 오히려 그 진가를 발휘해 온 민족이다. 대국에 둘러싸인 반도국가의 특성상 그 많은 외침에도 끝내 나라를 단일 민족국가로 온전히 지켜 온 저력 있는 국가이다. 6 · 25전쟁 후의 황폐함 속에서도 희망을 일구어 반세기 만에 국민소득 2만불의 기적을 만들어 낸 나라가 바로 대한민국이다.

이 과정에서 우리는 얼마나 많은 위기를 맞이했던가? 그러나 우리는 좌절하지 않고 수없이 많은 땀과 눈물을 흘리면서도 오뚝이처럼 다시 일어섰다.

1960년대 베트남전쟁에서는 우리의 젊은이들이 많은 피를 흘리면서 그 대가로 달러를 벌어들였다. 같은 시기에 우리의 형과 누나들은 독일의 수천 미터 지하탄광에서 석탄을 캤고, 또한 병원에서 죽은 사람의 시체를 닦은 대가로 받은 마르크를 한국으로 송금했다. 그 종잣돈들이 우리의 경제 성장에 밑거름이 되었음은 물론이다.

1970년대에는 열사의 중동 건설현장에 10대의 공고 졸업생들이 가족에 대한 회한과 그리움을 모래에 묻으면서 필사적으로 일해 오일달러를 벌어들였다. 전성기에는 중동 건설시장의 점유율이 제1위인 미국(36.1%) 다음으로 2위(20.9%)를 차지하기도 했다.

1970년대 두 차례에 걸친 석유위기 속에서도 대한민국만이 10% 내외의 고도성장을 지속할 수 있었던 비결이 여기에 있었다.

박정희 대통령 시절 경제수석을 지낸 오원철 씨는 자서전에서 '임진왜란 땐 10대의 의병, 한국전쟁 땐 학도병이 있었다면, 70년대 석유위기 때는 10대의 기능공들이 나라를 구하기 위해 분연히 일어섰다' 고 썼다.

그 후 1997년에는 IMF경제위기가 밀어닥쳤다. 국민소득 1만 불 달성이라는 샴페인을 터뜨린 지 불과 2년이 지나서였다. 우리는 우리의 능력을 과대평가하면서 해외여행이다, 유학이다, 부동산투자 등에 열을 올렸다. 자신의 오지랖이 흘러내리는 줄도 모르고 잔치에만 정신이 팔려 있었던 것이다.

그 대가로 경제위기는 소리 없이 찾아왔고, 우리는 혹독한 대가를 치렀다. 신혼부부의 패물도, 늙으신 부모님들이 장롱 속에 꼭꼭 숨겨 두었던 금붙이까지 모조리 다 끄집어내는 모습들이 외신에 대문짝만 하게 나오는 등 야단법석을 떨어야 했다.

정부에서는 제2의 새마을운동이니 하면서 우리 국민의 애국심과 국난극복 의지를 추켜세웠지만, 바깥세계에서 우리를 바라보는 눈은 호들갑이나 측은한 마음들이 아닐까 하는 생각에서 얼굴이 화끈거렸었다.

그런 과정을 거쳐 경제위기는 극복되었고 우리 기업이나 경제의 체질도 이전보다 한층 강화되었다.

이제 다시 새로운 위기를 맞이하고 있다. 이 위기도 언젠가는 반드시 극복될 것이다. 다만 그 시기를 얼마나 앞당길 수 있을 것인가가 문제이지만…….

얼마 전 한 대기업 회장이 "지금의 위기는 큰 시련이지만 어둠이 걷히기만 기다리지 말고 어둠 속에서 길을 떠나 새벽 동이 트기 전에 기회의 강을 건너자"라고 직원들을 독려했다고 한다. 남보다 앞서 기회의 강을 건너려면 가장 춥고 칠흑같이 어두운 바로 이때 길을 나서야만 한다는 것이다.

지금 우리는 각자 길 떠날 채비를 제대로 갖추고 있는가? 먼저 떠난 사람이 기회의 강을 건너 떠오르는 찬란한 태양을 먼저 맞이하게 될텐데…….

성장 동력인 인재를 키우자

평소 나는 머리가 좋은 사람은 공대나 사범대를 가야 된다고 생각하는 사람이다. 왜냐하면 공대는 앞으로 나라를 먹여 살릴 과학도나 기술자들을 길러내는 곳이고 사범대는 후세를 책임지고 나갈 2세들을 교육하는 사람들을 배출하는 곳이기 때문이다. 비슷한 논리로 실업계 중 공업계고등학교와 교육대학도 마찬가지라고 생각한다.

그러나 작금의 사회현실은 정말 우리가 장기적으로 지속가능한 성장을 이룰 수 있을 것인지에 대한 회의를 갖게 한다. 행정고시와 사법고시 경쟁률이 천문학적인 숫자로 치솟고, 안정적인 평생직장이라는 이유로 공무원시험과 교사임용시험에 몇 년을 재수하면서 도전을 거듭한다. 공급과잉이라는 의사들의 엄살에도 불구하고 의대 진학은 모든 학생들의 최고 염원에 속한다.

법을 집행하는 공무원과 사법적 판단을 하는 판사와 검사 그리고 변호사는 평범한 지적능력과 상식적인 법해석 능력만 있으면 되지 않을까? 기초의학 연구에는 명석한 두뇌가 필요할지 모르지만 수술하고 환자를 돌보는 의사가 항상 공부 잘하는 수재만 가능하다는 논리는 성립되지 않는다.

최근 5년간 성장률이 잠재성장률에 해당하는 4%대에서 주춤거리고 있어 자칫하다가는 그동안의 성장 동력에 엔진이 꺼지고 배가 가라앉을지도 모르는 위기상황에 처해 있다.

이런 와중에 성장을 견인하고 국가의 파이를 키우는 기업들이 계속 해외로 떠나고 있다. 국내에서는 캄캄한 터널만 이어질 뿐 탈출구가 없다는 절망감이 해외로의 엑소더스가 계속되는 이유일 것이다.

기업들이 떠나는 이유는 여러 가지가 있을 것이다. 넓은 세계로의 도전, 관련 대기업의 해외투자에 따른 대응투자 등은 비교적 좋은 의미에서의 이전에 속한다. 그보다는 경직된 노사관계, 공장부지가격 등의 과다한 설립비용, 정부의 지나친 규제, 고용 문제 등으로 해외로 탈출하는 경우가 더 많은 게 문제다.

여기서 내가 좀 더 관심 있게 접근하고자 하는 분야는 고용문제다.

이미 공공연한 사실이지만 교육당국만 모르는지 대책이 없는지 세월만 가고 있다.

1970~80년대는 우리나라를 중진국의 반열에 끌어올린 공업입국의 고도 성장기였다. 연 10% 내외의 고성장을 이끈 그 저변에는 바로 값싸고 질 좋은 기능 인력들이 사회 저변 곳곳에 포진하고 있었고 그들은 가난을 대물림하지 않기 위해 특근과 잔업을 밥 먹듯이 하면서 24시간 공장기계를 돌렸다.

그리고 조국 근대화에 기여한다는 자부심을 가지고 최일선 현장에서 땀방울을 흘렸던 것이다. 그 당시는 가난한 집 자녀들이 주로 대학진학보다는 직업전선으로 향하는 상고나 공고를 선택했고, 그렇게 부끄러워하지도 않았었다. 그리고 전국기능경기대회에는 대통령도 참석하고 세계기능경기대회를 계속 제패하는데 대해 자긍심도 느꼈던 시절이었다.

그러나 지금의 현실은 어떤가? 기업은 정작 써야 될 기능 인력이 부족해서 아우성이다. 어느 정도 기능을 갖춘 인력은 방금 전 언급한 1970~80년대 실업계에 진출해 지금은 40대 후반 이후의 세대, 다시 말해 고령화, 고임금화된 인력들뿐이다.

그래서 중소기업들은 비용문제 때문에 채용을 꺼린다. 그렇다고 외국인 근로자가 자기 회사에 필요한 기능을 갖춘 경우는 거의 없고 단순 노무인력이 대부분이다. 그렇다고 앞으로 해결될 기미가 보이냐 하면 그럴 가능성은 전무해 보인다. 실업계고등학교를 기피할 뿐 아니라 그

나마 명맥을 유지하고 있는 몇몇 학교도 그 수준이 영 시원치 않다.

자동차시장에서 세계 1위의 GM을 따라 잡은(이익부문에서는 이미 오래 전부터 1등이지만) 도요타의 그 저력은 바로 기업개선작업 즉 "가이젠(改善)"에서 나왔다. 업무의 비능률을 제거하고 현장의 생산성을 향상시켜 엄청난 기업의 이익을 가져다 준 것이다.

그 가이젠을 실행하는 사람들은 경영층이나 고도의 기술력을 가진 기술자가 아닌 바로 현장의 노동자, 기능공들이 대부분인 것이다. 세계 과학계를 발칵 뒤집어 놓은 황우석 교수 사태도 이미 예견된 사단일지도 모른다.

국가는 모름지기 중 · 장기적인 안목에서 성장동력을 확보하는데 더 심혈을 기울여야 한다. 그런 측면에서 응용연구와 개발연구보다는 기초 및 원천기술개발에 더 집중적으로 투자해야 한다.

물론 황우석 교수의 줄기세포 배양과 이식이 성공적으로 이루어지면 의생명 분야의 획기적인 업적으로 기록되고 우리 과학의 우수성을 세계에 떨치는 쾌거가 될 것임에 틀림없다. 그에 뒤따르는 국부 창출도 엄청날 것이다.

그러나 소위 말하는 돈이 될 가능성이 많은 응용 및 개발연구는 국가가 아닌 민간 즉 기업에 맡겨도 얼마든지 가능하다는 점이다. 이익 추구가 주 목적인 기업이 돈이 되는데 왜 달려들지 않겠는가?

그러니까 기초 · 원천기술연구에 국가예산이 집중되어야 하는데도 이런 분야에 연구비가 집중되고 거기에 정치적인 플러스알파 효과까지 노리니까 이런 사태가 발생하게 되는 것이다.

얼마 전 삼성경제연구소가 발표한 바에 따르면, 대학에서 기초연구가 차지하는 비중은 미국이 70%, 프랑스가 80%에 달하는 반면 우리나라는 30%수준에 불과하다고 한다. 반면 국내기업들의 기초연구비중은 10% 정도로 미국, 프랑스, 일본 등의 4~6%에 비해 매우 높다는 사실에서 우리는 문제를 안고 있다고 할 수 있다.

세상사 모든 일이 하다가 잘못되면 다시 돌아가서 기본기부터 익혀야 한다. 국가경영도 마찬가지다. 사범대는 인기가 좋아 예외지만 국가차원에서 공대와 공고 진학생들에게 특단의 인센티브를 제공하고 수재가 몰릴 수 있는 여건을 만들어가야 한다.

그 길만이 나라가 사는 길이고 우리가 서로 사는 길인데 왜 제대로 된 근본 대책을 수립하지 않는지 알다가도 모르겠다.

위기가 곧 기회다

허리띠를 졸라매지 않으면 국가경제는 물론 서민경제도 힘들다. 원인제공은 우리가 아닌 미국이 했는데도 그 여파는 IMF 경제위기보다 더 험난한 파고를 넘고 있는 중이다.

1997년 IMF 경제위기는 한국과 태국 등 아시아권의 몇 나라에 국한된 경제위기였지만, 현재는 서브프라임모기지의 부실로 촉발된 미국의 금융위기가 전세계로 파급되고, 그것이 이제는 실물경제로 옮겨 붙어 전 세계를 옥죄고 있다. 우리나라처럼 대외 의존도가 높은 나라는 가히 핵폭탄 수준의 위기가 몰아치고 있다.

시야를 좁혀 우리가 살고 있는 경남지역을 보면 그 심각함이야말로 이루 말로 표현할 수 없을 정도다. 그동안 IT부문 등의 성장이 정체되고 있을 때도 경남의 중후 장대한 산업들이 중국, 러시아, 중동 등의 특수로 국가경제를 떠받치는 버팀목 역할을 단단히 해 왔던 것이다.

그러나 이제는 경남의 주력업종인 기계(건설기계), 조선, 자동차산업이 가장 먼저 직격탄을 맞고 있고, 그 앞날을 예측하기가 힘든 상황에 처해 있다. 과거의 버팀목이 걸림돌로 작용하고 있는 셈이다.

그렇다고 이 위기에 속수무책으로 당하고 있을 수만은 없다. 우리 국민들은 단돈 100달러도 되지 않던 국민소득을 반세기 만에 2만 달러로 올려놓은 위대한 국민이 아닌가. 오히려 위기 속에 더 기회가 있고 이 기회를 잘 포착해서 선진국 진입이라는 절호의 찬스로 이용해야 한다.

얼마 전 아는 지인을 오랜만에 만나 저녁을 함께할 기회가 있었다. 그런데 그 지인한테서 그날 저녁 들은 얘기가 지금의 상황에 딱 들어맞는다는 생각이 나서 여기에 소개를 한다.

우리가 소위 선진국이라고 하는 나라들은, 이를테면 G7, G10 등의 이름으로 표현을 하고 있다. 이 정도의 반열에 들어서야만 모든 기준에서 세계 일류라고 할 수 있을 것이다.

얼마 전 국제적 금융위기 해소를 위해 미국에서 개최했던 G20에는 세계 13위의 경제대국이라는 한국이 겨우 끝자리를 차지할 수 있었을 정도로 이들 나라의 위세는 대단하다.

전 세계에서 소위 TOP10에 드는 나라들은 그들 나름대로의 탄탄한 기초와 파워를 함께 갖추고 있어 평소에는 이들의 지위를 넘보기가 결코 쉽지 않다. 즉, R&D나 기술력, 하드웨어나 소프트웨어를 불문하고 그 나라 특유의 장점과 강점을 가지고 있기 때문에 우리나라 같은 중진국이 이들 선진국들을 따라 잡기에는 엄청난 장벽이 가로막고 있고, 따라서 이들을 넘어서기가 결코 쉽지 않다.

그런데 이처럼 세계경제가 뿌리째 흔들리고 지각변동이 일어날 때가 우리에게는 선진국 진입의 절호의 기회가 되고 이때를 놓쳐서는 안 된다는 것이다. 선진국들의 전열에 금이 가고 정신을 제대로 못 차리고 있는 지금 후발국인 한국이 정신을 바싹 차리고 기를 모아 밑에서 위로 치고 올라가면 기회가 온다는 얘기였다.

그렇다. 선진국들이 위기를 맞고 있는 지금이 우리에게는 거꾸로 찬스가 된다는 말이다. 그렇게 하려면 지금의 이 위기를 잘 극복하는 노력이 절대 필요하다. 위기를 극복하기 위해서는 고정관념의 타파, 발상의 전환, 유연하면서도 전략적인 사고가 필요하다.

여기서 절체절명의 위기를 잘 극복한 몇 가지 사례를 소개한다. 먼저 며칠 전 언론에 보도되었던 일본 아오모리현의 사과이다. 정부의 고위 관료가 산하공무원들에게 "위기극복을 위해 고정관념의 뒤통수를 쳐라"고 하면서 언급했다는 내용이다.

1991년 가을 일본 아오모리현에 태풍이 몰아쳐 수확을 앞둔 사과의

90%가 떨어졌고, 많은 농민들이 망연자실해 있을 때 이 지역의 농민지도자 한 사람이 남은 10%의 사과를 어떤 비바람에도 결코 떨어지지 않는 사과라고 이름 붙여 당시 수험생들에게 10배의 가격으로 팔았는데 날개 돋친 듯이 팔려 나갔단다. 결과는 대성공을 거두었고, 이 역발상이 어려움에 처한 이 지방 농민들에게 희망의 싹을 틔웠을 뿐만 아니라 일본 동북부지방의 아오모리를 사과의 명산지로 각인시키는 계기가 되었다. 지금도 아오모리는 사과의 고장으로 유명세를 떨치고 있다.

세계 휴대전화시장의 지존인 노키아가 오늘의 지위를 갖게 된 것도 위기가 계기였다. 1865년 제지업체로 출발한 이 회사는 90년대 초 세계경제가 침체에 빠지면서 경영위기에 직면했다. 결국 노키아는 제지, PC 등 기존사업을 대부분 매각하는 대신, 당시 부상하던 이동통신사업에 집중하는 구조개편에 나섰다. 유럽의 휴대전화 2위 업체를 인수해 글로벌화를 추진하는 한편 혁신적 제품개발에 아낌없이 투자해 98년에 세계시장점유율 23%를 달성하면서 세계1위 기업으로 랭크되었고, 지금은 40%대를 넘나들면서 독보적인 위치를 확보하고 있다.

국내 전기밥솥시장에서 부동의 1위를 고수하고 있는 쿠쿠홈시스의 예를 보자. 경남 양산에서 둥지를 틀고 있는 이 회사는 1978년 성광전자로 출범, 주문자상표부착방식OEM으로 대기업에 납품을 하면서 성장한 기업이었으나 1997년의 외환위기 때는 존폐의 기로에 서 있었다. 납품 중단이라는 위기 속에서 오히려 독자브랜드 개발이라는 승부수를 던져 오늘날의 쿠쿠를 탄생시켰다.

회사가 망하는 것은 감내한다 해도 20년을 지켜온 100여 명의 직원을 거리로 내몰 수 없었다는 CEO는 모험을 감행했다. 당시는 삼성, LG 등의 브랜드가 아니면 성공을 기대하기 힘들었고, 또 우리나라 주부들이 일본을 여행하면 필수품처럼 사오던 일본의 마쓰시타가 만든 코끼리 밥솥이 한창 인기를 얻던 시절이었다.

자체브랜드는 쿠쿠였다. 요리를 뜻하는 쿡Cook과 정확한 시간을 알려 주는 뻐꾸기에서 따온 이름이었다.

이런 베팅을 하게 만든 첫째 배경은 20년이 넘도록 축적해온 기술력에 대한 자신감이었다. 지금도 쿠쿠는 매출의 7%를 연구개발에 투자하고, 밥이 눌어붙지 않는 테프론 코팅기술을 세계에서 두 번째로 개발했고, 국내 밥솥메이커의 99%가 쿠쿠의 코팅기술을 사용하고 있다.

전기밥솥만 따지면 일본의 코끼리밥솥이 세계 1위지만 압력밥솥은 쿠쿠가 단연 1위다. 쿠쿠는 삼성과 LG가 버티고 있는 국내 전기밥솥시장에서 점유율 50%를 기록하고 있는 알짜기업이다. 이처럼 위기 속에서도 포기하거나 좌절하지 않고 오히려 이를 기회로 삼아 성공한 기업들을 보면 불가능한 일은 없는 것 같다.

우리 주변에 요즘 하나같이 어려움을 애기하는 사람들이 많다. 이 어려움은 정도의 차이는 있을지언정 대기업, 중소기업이나 자영업을 가리지 않고, 직업의 종류에도 관계없이 가진 자와 못 가진 자를 불문하고 파고들고 있다. 그렇지만 본래 난세에 영웅이 난다고 하지 않던가! 오너는 위기가 왔을 때 그 진면목이 드러나는 법이다. 이 위기를 잘 극복하는 가장이 훌륭한 가장이고, 뛰어난 CEO이며, 존경받는 지역의 지도자가 될 것이고, 국난을 극복한 정치지도자로 평가받을 것이다.

100년 만에 찾아온 경제쓰나미를 우리는 분명히 슬기롭게 극복할 수 있다고 확신한다.

배순훈 씨는 우리 민족의 가슴속에는 한恨과 신명이 공존하고 있어서 이 한을 신명으로 승화시키면 어떤 일이라도 해낼 수 있는 유전자를 가지고 있다고 했다.

어려울수록 ① 선택과 집중 ② 중앙돌파형 리더십 ③ 상생협력 ④ 전략적 비용 관리 ⑤ 위기 뒤의 기회에 대비한 체질강화를 통해 위기를 극복해 나가야 한다. 삼성경제연구소 정구현 사장이 이 위기를 돌파하기 위해 제시한 5가지 해법인데 시사하는 바가 크다.

움츠리지 말고 어깨를 활짝 펴고 거센 파도에 정면으로 부딪히면서 힘차게 앞으로 나아가자.

인사가 만사라는데

중앙이나 지방정부를 막론하고 인사문제는 항상 논쟁의 소지를 제공해 왔고 조직 내부의 불만 증폭과 함께 심하면 민심이 이반되는 현상을 초래하게 된다. 인사문제로 인한 공무원 사회의 불만은 종종 있어왔다.

선출직인 자치단체장이 조직 내부를 추스르고 자기 선거에 기여한 사람에게 일정 부분 인사상의 배려를 하는 일은 사실 어제오늘의 일도 아니고 이들에게 성인군자의 룰을 요구할 수도 없는 게 현실이다.

그러나 그 정도가 심하고 인사권자의 자의성이 개입되면 문제는 심각해 질 수 있다. 인사가 만사라고 했는데 이 말은 조직의 발전을 위해서는 사람의 역할이 중요하고 그 사람을 다루는 인사가 그만큼 어렵다는 얘기도 될 것이다.

그러나 역설적으로 인사문제는 아주 쉬운 일일 수도 있다고 본다. 경남도에서 인사 분야 실무를 두 번이나 해본 나의 경험으로 봐서 다음의 몇 가지 원칙만 지켜주면 비교적 무난한 인사가 될 수 있다고 본다.

먼저, 도나 시군의 경우 조직 내 수평적 인사는 주요보직의 경우, 그 사람의 적성, 능력, 그리고 해당 자치단체장이 추구하는 행정목표에 가장 적합하다고 판단되는 사람을 가려 쓰면 된다. 인사의 잘잘못에 대해서는 전적으로 인사권자의 몫으로 맡기고, 그 평가는 나중에 주민들이 투표로서 심판하면 된다.

두 번째로, 조직 내 승진 등의 인사는 인사권자의 사심이나 자의성이 개입되지 않도록 철두철미하게 시스템에 의한 인사를 해야 한다는 것이다. 즉 평가요소를 아주 객관화하고, 법규사항이지만 유명무실하게 운영되고 있는 인사위원회의 기능을 보강하거나 원칙대로 운영해서, 인사권자는 룰에 따라 사인만 하도록 하면 근본적으로 문제가 되는 인사가 나올 수 없다.

세 번째는, 도와 시 · 군 간 인사교류다. 매번 인사 때마다 낙하산 인사문제로 시군 노조에서 반발하고, 그 때문에 인사가 파행을 겪거나 지연되기도 한다. 도와 시 · 군 간 인사교류는 반드시 있어야 하고 그래야만 상호보완, 발전할 수 있다.

이참에 도가 진정으로 시군과 인사교류를 하고자 한다면, 시 · 군을 수평적 대등관계로 인식하고 지역 간의 형평성을 고려해야 한다. 행여 예산 등의 문제로 수직적인 우월적 지위에 있다고 판단해서 인사를 하게 되면 이 문제는 영 풀리지 않게 된다.

여기서 개인적으로 이런 제안을 하고 싶다. 우선, 도청의 문호를 공무원 단계별로 개방하는 게 필요하다고 본다. 현행처럼 7급 이하는 전입고사를 통해 선발하되, 시군 간의 형평성을 고려해서 5급 사무관급에서도 도청 전입이 되어야 한다는 것이다.

결국 도청 사무관 자리가 빌 경우 자체 승진과 시군 전입을 일정 비율로 적용해서 배치해야 한다. 그러면 전출된 시군의 경우 사무관 승진 요인이 발생되어 사기가 올라가게 될 것이다.

그리고 시군 부단체장 임용의 경우는 도의 과장급과 시군의 국 · 실장급을 함께 경쟁시키고, 도와 시군 간 적당한 안배를 통해 인사를 해야 한다.

지방자치법상 시군 부단체장의 임용권이 시장, 군수에게 있는데도 불구하고 도지사가 사무관 이상부터 폐쇄적인 조직운영으로 자체 승진해 온 도청 직원들만 시 · 군에 배치해서는 시군의 반발을 막을 수 없다.

그리고 시군의 실 · 국장들에게도 희망을 주어야 하고, 그런 능력과 경력을 가진 사람들이 얼마든지 있는데도 도청에 근무하지 않았기 때문에 발탁하지 못한다는 것은 독선이고 우월적 지위의 남용이라고 할 수밖에 없다.

이 방법은 사실 전임지사 시절에도 실무적으로 건의를 했지만 받아들여지지 않았는데 이 문제가 해결되지 않고서는 두고두고 인사잡음이 나올 수밖에 없을 것이다. 도청에 근무했던 사람이 이런 얘기를 할 수 있느냐고 하는 이도 있겠지만 역지사지로 시군 직원의 입장에도 서 보고 무엇보다 경남 전체의 관점에서 바라보았으면 한다.

우선 눈앞에 닥친 자기 조직의 이익만을 생각하지 말고, 대승적인 차원에서 도가 시군과 함께 가는 동지라는 인식에서 인사가 이루어졌으면 더없이 좋겠다.

관혼상제, 이대로는 안 된다

연말연시가 되면 누구나 다 한 해를 보내고 새해를 맞는 준비에 바쁘다. 거기에다 이맘때 가장 북새통을 이루는 곳이 결혼식장이다. 예전에 과년한 아들딸을 둔 부모들이 자녀들의 나이가 한 살이라도 더 작을 때 혼사를 서둘러서 그런지 음력으로 설밑인 이 시기에 유독 결혼식이 많아진다. 또한 환절기와 혹한기에는 장례식장을 방문해야 하는 횟수도 덩달아 잦아진다.

원래 길흉사에는 이웃과 친지들이 상부상조하자는 취지에서 일을 도와주기도 하고, 이 시기에 많은 경비가 소요되므로 십시일반의 마음으로 재정적인 보탬을 주는 것이 우리가 가진 아름다운 미덕이자 전통이었다.

그런데, 최근의 변질된 관혼상제의 모습에서는 아무리 좋게 평가를 하려고 해도 할 수가 없다. 이제는 미풍양속이 아니라 국가의 경쟁력을 갉아먹는 사회악으로 전락된 사실을 누구도 부인하지 못할 것이다.

우선, 주말이나 휴일이면 예식장 주변은 그야말로 아수라장이다. 사람이 서로 부딪쳐서 내왕이 힘들 정도이고, 그런 분위기에서 엄숙하고 성스러운 결혼식은 아예 기대할 수 없다. 숫제 난장에 온 느낌을 지울 수 없다.

다음으로는, 이 예식장 나들이 때문에 인근의 교통체증이 심각하고, 그로 인한 시간적 경제적 손실이 엄청나다는 사실이다. 참석하는 사람들의 차량유지비용, 정체에 따른 혼잡으로 정상적인 물류유통 활동을 방해하는 비용, 참석자가 다른 일을 하지 못하는데 따른 기회비용 등을 따진다면 우리의 상상을 초월하는 금액이 될 것이다.

그리고 무엇보다도 중요한 것은 이 길흉사 참석 때문에 아예 주말이나 휴일에는 개인이나 가족 간의 휴식이나 독서, 재충전 등의 시간을 다 빼앗겨 버린다는 사실이다.

이 얼마나 낭비이고 비효율인가? 개인적으로도 국가적으로도 엄청난 손실을 가져다주는 이 관혼상제를 미풍양속이라는 미명하에 계속되도록 방치한다면 이것은 분명히 행정의 책임회피이자 의무를 방기하는 것에 다름 아니다.

물론 개개인의 입장에서는 여러 가지 할 말이 있을 테고, 또 어떤 면에서는 수긍할 수도 있다고 본다. 예를 들어, 한평생 남의 길흉사에 부조를 해 왔는데, 어느 날 갑자기 일시에 이를 규제해 버리면 형평성의 문제가 제기될 수 있다. 그런 만큼, 부조자체를 법이나 다른 방법으로 없앨 수는 없고 다만 전달하는 방법을 좀 더 합리적으로 개선하면 될 것이다.

그러면, 관혼상제는 어떤 형태로 바뀌어야 할까?

핵심은 가족과 친지 위주의 조용하고도 조촐하게 치러야 한다는 것이다. 그리고 결혼식의 경우, 꼭 그렇게 주말이나 휴일을 고집할 것이 아니라 평일 저녁 같은 경우를 많이 활용하면 더욱 좋을 것이다. 서울이나 수도권의 경우는 평일 결혼식이 많은데, 우리 지역은 아직도 주말과 휴일을 고집한다. 참 안타까운 일이다.

부조금의 경우, 아예 초청장이나 부고란에 혼주나 상주의 계좌번호를 알려 주는 것은 어떨까? 그 속내를 보고 겉으로는 비난을 하는 사람들이 많겠지만 실상 사람들은 그것이 훨씬 더 편하고 반갑기까지 할 것이다. 실제로 주변에서 그렇게 얘기하는 사람들이 아주 많다.

체면치레 때문에 점잖을 떨고 있기에는 우리의 상황이 너무나 심각하다는 사실을 직시해야 한다. 그리고 이 참에 의식의 획기적인 대전환이 이루어지지 못하면 우리는 정말 희망이 없는 국민이 되고 만다.

국민소득이 4~5만불을 넘어서도 이런 행태를 지속할 것인가? 그때 다른 나라에서는 우리를 보고 과연 선진국이라 부를까?

그 대답은 "아니오!"가 틀림없다.

한국마을, 중국마을, 일본마을

중국 남부 광저우에 살고 있는 잘 알고 지내는 지인이 얼마 전 사무실에 들러 했던 말이 기억에 남는다.

김하중 주중 한국대사가 북경대학생들에게 특강을 했단다. 강의가 끝나고 학생들과 질의답변을 하는 중에 자연히 한류韓流 열풍에 대한 얘기가 나왔고, 대륙의 기질상 동북 변방의 한국문화가 중국에 침투하는 데 대해 경계와 비판의 목소리를 내면서 대사의 견해를 물은 것이다.

이때 김하중 대사가 정색을 하면서 한류의 열풍은 미풍에 불과하고, 훨씬 더 강하게 불어야 한다고 하면서 말한 논거가 기막히다.

지금 중국은 한류 열풍을 걱정하지만 한국은 오래 전부터 한류漢流, 즉 한족의 열풍이 불고 생활화된 지 오래지만 전혀 문제가 되지 않는다고 말했다는 것이다. 대한민국의 자라나는 어린이들이 제일 좋아하는 음식이 자장면인데 그 자장면이 바로 중국 음식이고, 중국의 대학에 한국어과가 설치된 대학은 소수에 불과하지만 한국에는 거의 모든 4년제 대학이 중국어과를 설치하고 있는데, 이 중국 열풍으로 한국 사회가 어떤 문제를 안고 있다는 얘기를 들어본 적이 없다고 말이다. 그러고 보면 이제 정말 국경이 없는 시대가 되었다는 말이 실감이 난다.

일본에 가서 TV 오락 프로그램을 보면 한국과 비교해 전혀 낯설지가 않고, 중국에서 〈대장금〉 연속극이나 한국의 노랫소리를 심심치 않게 보고 들을 수 있는 세상이다.

평균 소득 2천 불이 채 안 되는 중국이지만 백만장자가 우리나라 인구를 훨씬 능가하고 바다를 접한 2~3억의 중국 인구는 소득이 1만불에 근접해 가고 있어 실질 구매력 지수 면에서나 현지에서의 생활정도를 보면 오히려 우리보다 더 잘산다는 느낌을 많이 받는다.

여기서 우리가 발상의 전환을 한번 해 볼 필요가 있다.

가장 한국적이고 일본적이며 중국적인 것이 세계적이라는 사실이다. 그런 측면에서 우리 지역 어딘가에 이 세 나라의 특색을 가장 잘 살린 마을을 함께 조성해 보면 어떨까? 그 규모는 마을 당 330여만㎡ 정도로 잡고 각각 이웃해서 만들면 좋지 않을까 싶다.

그리고 이 마을은 그 나라의 특성을 살린 가옥, 수목, 화초, 음식, 문화, 예술, 생활방식 등을 집대성해놓고 실제로 그 나라의 사람들이 와서 살게 하자는 것이다. 따라서 여기서는 쇼핑, 관광, 그리고 그 나라의 언어교육 등을 함께할 수 있는 장소로 만들어야 한다.

이 마을을 조성하면 한국에 체류하고 있는 일본, 중국 사람뿐만 아니라 국내외 관광객들에게도 필수 관광코스로 자리 잡을 수 있을 것이다. 한국에서 과연 얼마나 중국과 일본의 특성을 살린 마을을 조성했는지 와 보고 싶지 않겠는가? 그리고 이 마을들을 조성하면 각각 중국과 일본의 정부나 자치단체, 또한 그 나라 언론의 지원과 집중조명도 함께 받을 수 있을 것이다.

내 개인 생각으로는 마산시 진동면 다구에 조성할 종합생태식물원을 이 방향으로 전환해 전통 한국마을을 조성했으면 싶고, 그 인근에 일본과 중국마을을 조성해서 이 3개 마을이 삼각체계로 서로 연결되어 종합관광지로 개발되었으면 좋겠다.

희망사항이긴 하지만 한국마을은 한국의 유력한 레저 관련 그룹이 개발하고, 일본과 중국도 각각 그 나라의 유수기업이 투자하면, 외자 유치도 되고 관광개발도 되는 일석 몇 조의 효과가 있을 것이다.

경남 마산에 한국마을과 일본마을, 중국마을이 있다는 게 이채롭고 경이롭지 않겠는가? 국내외 관광객의 이목이 집중되고 마산의 발전도 앞당기는 프로젝트가 될 수도 있다고 판단되어 아이디어 차원에서 문제를 제기해 본다.

내 주변의 장애우들에게 보다 많은 관심을

나는 평소에 법질서를 잘 지켜야만 우리가 선진국이 될 수 있다고 믿는 사람이다. 세계를 둘러볼 때, 꼭 소득이 높다고 해서 그 나라를 선진국이라고 부르지는 않는다. 결국 그 나라의 소득 수준만큼 문화와 예술 측면에서 품격이 있고 법질서가 바로 설 때 비로소 우리는 그 나라를 선진국이라 부르는 것이다.

우리의 경우는 어떤가? 1995년에 소득 1만 달러를 넘어섰고, 그후 12년 만인 2007년에 2만 달러를 달성했지만 2008년에 밀어닥친 세계 금융위기로 다시 1만 달러대로 곤두박질했다. 게다가 우리 국민들의 준

법의식은 아직도 바닥을 헤매고 있다. 사람은 더불어 사는 공동체 생활에서 법을 지키고 상대방을 배려하면서 살아야 하고, 그것이 동물과 다른 이유이기도 하다.

그런 측면에서 차를 운행하거나 주차할 때, 목욕탕에서, 그리고 엘리베이터에서 비록 법규가 아니라 하더라도 지켜야 할 규범들이 많다. 그런데 이 규범들이 제대로 지켜지는지는 정말 의문이다. 아침 일찍 차를 몰고 길을 가다 보면, 아예 교통신호를 무시하는 경우가 다반사이고, 질서를 지키는 사람이 바보 같아 보일 때가 있다.

그런데, 교통의 원활한 흐름과 사고예방을 위해 설치한 교통신호대에서 전체 교통사고의 40% 이상이 발생한다는 사실을 우리는 어떻게 봐야 할까?

그 밖에도 목욕탕이나 엘리베이터에서 만나는 많은 사람들이 상대를 배려하지 않아 불쾌한 경험을 한 경우가 많이 있을 것이다.

유엔에서는 사회 인구의 10%를 장애인으로 본다고 한다. 그러나 정부는 우리나라 전체 인구의 3%인 150만 명 정도를 장애인으로 본다고 한다. 그 숫자는 중요한 것이 아니고, 어쨌든 장애인 중에서 산업재해나 교통사고 등 후천성 장애인이 그중 88%정도가 된다 하니 정말 놀랄 일이다. 실제로 우리 주변에도 교통사고나 산업현장에서 입은 장애 때문에 경제적, 사회적으로 어려움에 처해 있는 사람들을 많이 본다.

이런 분들은 갑자기 장애를 입고 노동력을 상실하는 경우가 많아 가족의 생계와 자녀교육에 엄청난 어려움을 겪기도 하고 사회의 차가운 시선에 가슴 저미는 경우도 많은 것 같다.

사실 장애란 선천적이 아닌 이상 누구나가 언제 어디서든 일어날 수 있는 일 아닌가? 나만 여기서 예외가 될 것이란 생각만큼 어리석은 생각도 없을 것이다. 그리고 장애인은 특별한 사람도 아니다. 조금 불편하고 어려울 뿐이다. 이 불편하고 어려운 것을 정부나 사회, 그리고 이웃이 보완해 주어야 한다.

장애인들이 느끼는 현실적인 문제의 가장 큰 부분이 생활비 등의 문제라고 한다. 장애인 가정이 일반가정 평균소득의 절반에도 못 미친다고 하니 당연한 귀결이라고 하겠다.

그래서 장애수당의 인상이나 주택구입비 지원, 교육 등의 문제에 정부차원의 많은 관심과 획기적인 조치들이 따라야 한다. 그리고 지방자치단체들도 장애인의 이동권 확보라든지 공공시설에 대한 주차공간 확보, 재활이나 여가선용을 위한 장애인전용 체육시설 등의 설치에 보다 전향적인 자세를 가져야 한다.

그러나 그보다 더 중요한 것은 장애인도 우리의 이웃이라는 따뜻한 마음과 함께 관심과 배려가 있어야 한다.

나도 개인적으로는 마산시 장애인후원회에 가입되어 있으면서 조그마한 보탬이라도 되기 위해 노력하고 있다. 그렇지만 아직은 너무나 그 역할이 미약해서 항상 미안한 마음이 앞선다. 앞으로 더 많은 관심과 사랑으로 장애우들을 대하고 맞이해야겠다고 다짐해 본다.

우리 경남 장애인들의 친근한 벗인 〈경남장애우신문〉이 창간 6주년을 맞이한다고 한다. 진심으로 축하를 드리고 소외되는 장애인이 없도록 장애우들에게 빛과 소금이 되는 진정한 언론으로서의 소명과 역할을 다하기를 기대한다.

세계 문화마을을 만들자

이제는 국경이 없는 시대에 우리는 살고 있다. 제조업, 인터넷, 관광 등 할 것 없이 국가 간의 경계가 허물어지고 있고 이런 현상을 당연한 것으로 받아들이는 추세다.

국가란 정치, 군사적인 목적에서는 필요할지언정 경제, 사회, 문화적인 측면에서는 무용지물이 되었고, 벽과 담장을 치고 있으면 국제사회에서의 고립과 궁핍을 각오하고 살 수밖에 없는 시대에 우리는 살고 있는 것이다.

북한이 이 단적인 예에 속한다. 그러니까 필연적으로 북한의 폐쇄적인 정권은 머지않아 반드시 붕괴되게 되어 있다.

5천 년 역사를 단일민족으로 지켜온 것이 우리의 자랑이라 하더라도 오늘날 산업현장과 농촌현실에서 불가피하게 받아들여진 다민족사회화가 그렇게 부끄러운 일도 아니며, 이런 현상을 비난하거나 폄훼해서는 지나친 국수주의로 몰릴지도 모른다.

우리나라는 2005년을 기준으로 국내 체류 외국인이 이미 100만 명을 넘어 전체 인구의 2%에 달하고, 2025년경이면 254만 명으로 5%, 2050년이면 400만 명을 넘어 전체 인구의 10%에 육박하리라는 통계가 나오고 있다. 지난 15년 사이에 국제결혼이 10배나 증가하였고, 외국인 노동자도 불법체류자를 포함해 33만 명을 돌파하고 앞으로도 계속 늘어날 추세다. 그러니까 우리가 단일민족을 아무리 주창하고 선호해도 현실이 그렇지 않고 그런 면에서 본다면 이런 모습은 있는 그대로 받아들이는 것이 순리다.

시대가 필연적으로 이러한 현상을 가져다줄진대 우리는 이를 통해 새로운 판을 벌여 지역의 발전과 연계시키는 방안은 없을까 하는 생각을 간간이 해 본다. 그래서 세계문화마을을 만들어 보면 어떨까 싶다.

우선 관광 측면에서 우리나라를 가장 많이 찾는 외국인들이라면 일본, 중국을 들 수 있을 것이다. 다음으로 국제결혼이나 국내 산업현장에 취업하고 있는 외국인 근로자가 많은 나라를 꼽으라 하면 중국, 필리핀, 베트남, 미얀마, 방글라데시, 파키스탄, 스리랑카, 인도네시아 등을 들 수 있을 것이다.

이들 나라 중에서도 많은 순서대로, 그리고 대륙과 지역, 종교를 구별해 동남아, 서남아, 중동 · 중앙아시아 국가를 몇 개 골라 우선 10여 개 범위 내에서 그 국가의 생활양식을 그대로 본뜬 마을을 우리 지역에 만들어 보자는 것이다. 이 마을은 불교, 이슬람 등 다양한 종교문화가 숨 쉬는 마을이면 더욱 좋을 것이다.

이 마을에 가면 그 나라의 화폐가 통용되고, 그 나라 사람이 전통복장과 가옥에서 생활하고, 음식점에는 고유의 전통음식을 맛볼 수 있게 된다. 그 나라의 꽃과 나무들이 조화를 이루어 피고 지며, 인근 공연장에는 항상 그 나라 고유의 전통공연이 펼쳐지는 모습을 상상해 보라.

그리고 여기에는 원어민들로 구성된 외국인 학교도 들어서 외국에 어학연수를 가지 않아도 그 효과를 고스란히 여기서 싼 비용으로 누릴 수 있게 된다. 그렇게 되면 이곳은 국내의 어학연수생과 수많은 세계 각국의 다양한 사람들로 항상 붐비지 않겠는가. 여기서는 국제적인 친교와 교류의 장도 마련될 것이다. 규모는 1개국당 10~30만 평 수준으로 하되 방문자들의 숫자나 성과에 따라 운영해 가면서 조정해 나가면 될 것이다.

이 마을이 조성되면 고국을 떠나와 결혼을 했거나 산업현장에서 열심히 일하고 있는 사람에게는 향수를 달래줄 수 있는 좋은 만남과 위로의 장소가 될 것이다. 그리고 우리나라를 방문하는 관광객이나 각종 회의, 행사에 참석하는 사람들에게도 외국에서의 자기나라 발견이 더없는 기쁨을 줄 것이 틀림없다.

그러면 자연히 이곳은 유명세를 타게 되고, 반드시 한번 들러야 할 관광지로서 각광을 받을 게 분명하다. 그러다 보면 자연히 국제적인 세미나나 회의, 미술전시회, 음악공연 등이 이곳에서 열릴 수 있는 계기가 마련되기 쉽고, 그 수요충족을 위해 외국인 마을 내부나 인근에 국제회의장이 들어서면 더욱 금상첨화가 될 것이다.

또 이 사업은 추진하는 과정에서 그 당사국의 많은 협조를 이끌어 낼 수 있다. 왜냐하면 한국에 자기 나라의 축소판인 마을을 만들어 놓으면 그 이상 자기 나라를 홍보하는 수단이 어디 있겠는가 싶을 것이고 당연한 결과로 추진과정에서의 적극적인 지원과 자문, 그리고 문을 열었을 때도 방문 알선 등 많은 부수적인 성과를 이룰 수 있다고 본다. 그러면 결국 이 외국인 마을을 만든 자치단체는 머지않아 부자 자치단체로 올라서게 될 것이다.

요즘은 자치단체마다 잘살기 위한 치열한 경쟁을 벌이고 있다. 번득이는 지혜와 아이디어로 상당한 성공을 거두는 곳도 있고, 또한 고만고만하게 남의 것을 모방만 하면서 별 성과를 내지 못하는 곳도 많은 것 같다. 지금은 남이 하지 않은 차별화된 정책과 아이템으로 블루오션을 창출해야지, 피 튀기는 싸움을 통해 시장점유율 경쟁을 하는 레드오션에서는 결코 잘사는 지역을 만들 수 없다.

문제는 참신한 아이디어와 이를 줄기차게 실현시켜 나갈 수 있는 당찬 리더십이 있어야만 이것이 가능하게 된다는 사실이다. 우리의 후손들에게 자랑스럽고 떳떳한 살기 좋은 고장을 물려주어야 할 의무가 있다.

삼성 · LG가 우리에게 주는 교훈

글로벌 경제위기에 돌파구가 마련되는가? 얼마 전에 발표한 삼성전자와 LG전자의 금년도 2분기 영업실적이 우리에게 위기탈출의 새로운 희망을 안겨주었다. 세계적인 경제예측기관들도 한국의 성장률을 최고 0.5%까지 높여 전망을 하고 있다. 연초의 2~3%에 비하면 엄청난 차이다. 그만큼 한국의 경제상황을 긍정적으로 보고 있고, 이에 영향을 받아 주식의 시세판도 연일 벌겋게 달아오르고 있다.

보도에 의하면, 삼성전자는 2009년 2분기에 매출 32조 5,100억 원, 영업이익 2조 5,200억 원을 달성하여 글로벌 불황이 시작되기 전인

2008년 2분기에 비해 매출과 영업이익이 각각 12%,5%씩 늘어났다.

LG전자도 매출 14조 4,974억 원, 영업이익 1조 1,330억 원으로 사상 처음으로 분기 영업이익 1조 원대를 돌파하는 기염을 토했다. 전 세계적인 불황 속에 거둔 값진 성과가 아닐 수 없고, 진정으로 박수를 보낸다.

해외를 여행하다 보면, 사실 우리가 한국인이라는 자긍심을 느끼는 경우는 대부분 해외에 진출한 우리 기업의 활약상 때문이다.

권불십년權不十年은 정치뿐만 아니라 산업계에도 통하는 것일까? '영원한 1등은 없다' 란 말은 정치, 경제, 사회, 스포츠 등 모든 부분에서 자주 쓰이는 격언이다.

최근의 경제위기 앞에서 글로벌 1위 기업들이 흔들리고 있다. 무려 77년간 세계 자동차시장의 1위였던 GM이 파산보호신청을 하고, 10년 전만 해도 휴대폰시장의 절대강자였던 모토롤라는 이제 5위까지 내몰렸다.

전자산업의 천하무적같이 보였던 소니는 2008 회계연도에만 2,900억 엔(약 4조 원)에 달하는 적자를 기록했고, 2009년 초 약 1만 6천 명을 감원하는 혹독한 구조조정을 벌이는 신세로 전락했다.

또한, 2009년 상반기에만 무려 3,200억 엔의 순손실을 기록했다. 지금 소니는 약육강식이 판을 치는 경제계의 냉엄한 생존경쟁에서 지친 몸을 추스리고 있는 것이다. 불과 10여 년 전만 해도 감히 상상도 할 수 없는 일이 우리의 눈앞에 전개되고 있다.

세계 PC시장을 좌지우지하던 마이크로소프트(MS)는 2009년 매출이 창사 34년 만에 처음으로 전년대비 감소했다. 반도체 1위업체인 인텔 역시 2009년 2분기 매출이 2008년에 비해 15% 줄었다. 글로벌 IT 시장을 독식하던 두 공룡의 윈텔(윈도+인텔)체제가 구글 등의 공세에 흔들리고 있는 것이다.

전 세계 휴대폰시장의 절대강자로 군림하던 노키아도 풀터치 스크린폰, 스마트폰 등 고가시장에서 애플과 삼성, LG의 거센 도전을 받으며 입지가 흔들리고 있다. 상반기 시장점유율은 38% 수준을 유지했으나 매출은 25%, 순이익은 66%나 줄었다.

인수합병(M&A)으로 순식간에 세계 1위에 오른 철강회사 아르셀로미탈도 2009년 2분기에만 8억불의 순 손실을 기록해 흑자를 유지한 포스코와 대조를 이뤘다.

이들이 왜 이런 모습을 보일까?

한마디로, 자만하다가 뒷통수를 맞은 것이다. 아날로그 시대에는 최고의 기술자가 만든 제품이면 항상 세계시장을 석권하고 주도할 수 있었다. 자신들의 우수한 기술만 믿고, 디지털로 바뀌는 기술 트렌드에 뒤처지고 있는 것이다.

소위, 과거의 영광이 미래의 발목을 잡는 레거시legacy현상을 나타내고 있다고 고려대 장세진 교수는 진단한다(삼성과 소니, 살림 Biz,

2008).

여기서 잠시 장세진 교수가 분석한 삼성과 소니를 비교해 보면, 의미 있는 결론에 다다르게 된다. 소니는 아날로그시대의 왕자였다. 창업자인 이부카 마사루는 2차 세계대전에서도 각종 전자 장비를 개발했던 엔지니어였는데, 해군 장교였던 엔지니어 출신 경영자 모리타 아키오를 영입하여 1946년 창업한 회사이다. 엔지니어 출신 경영자답게 직원의 창의력을 중시하고, 신제품 개발을 창립이념으로 삼은 그야말로 기술로 뭉친 회사였다.

후발주자인 삼성전자는 외국의 기술을 도입해서 저가베이스의 제품을 OEM(주문자상표 부착) 방식으로 생산하는 하청업체로 출발했다. 엄청난 기술력의 차이로 소니는 트랜지스터 라디오, 워크맨, 캠코더, CD 등과 같은 신제품을 선보여 타의 추종을 불허하는 호황을 누렸다. 반면, 후발주자인 삼성전자는 분명한 기술발전의 트레젝토리trajectory, 즉 진화발전 방향이 뚜렷한 기술에 집중했다. 소니가 세상에 존재하지 않는 새로운 제품을 개발하기 위해 광범위하고 비체계적인 연구개발에 많은 인력과 자금을 투입한 반면, 연구 인력과 자금이 부족했던 삼성은 추세가 뚜렷한 범용기술을 남보다 먼저 개발해서 조기에 상품화하고, 생산의 효율성을 증가시키는 프로세스기술을 개발하는데 집중했다.

디지털혁명기에도 소니가 네트워크를 강조하면서 새로운 제품과 서비스의 개발을 독려한 반면, 삼성은 성공한 반도체기술을 토대로 핵심

부품의 생산효율을 극대화하는데 주력했다. “아무리 비싼 사시미라도 하루 이틀 지나면 가격이 떨어진다. 사시미와 디지털 제품의 재고는 치명적이므로, 스피드가 모든 것이다”라고 윤종용 전 삼성전자 부회장은 말한다. 이것이 소위 〈디지털사시미 이론〉이다.

그 결과, 2002년부터 삼성전자가 소니를 추월하게 되었고, 지금은 확고부동하게 1위의 자리를 차지하고 있다. 2006년 기준으로 삼성전자의 시장가치는 1,060억 불이고, 소니는 겨우 500억 불로서 2배 이상의 차이를 보이고 있다.

국내 전자업계의 2위인 LG전자도 무서운 뒷심을 발휘하고 있다. LG전자 실적 호전의 배경으로는 LG전자 브랜드가 이제 더 이상 2등 취급을 받지 않는다는 점에서 찾을 수 있다. 지난해 말 대대적으로 조직을 개편했는데, CEO인 남용부 회장을 포함한 8명의 최고 경영진 중 6명이 외국인이라는 점도 특이하다.

융화와 위계질서를 중시하는 한국식 경영문화에서 보면 거의 파격 수준이다. 특히 재계에서 가족경영으로 인화를 가장 중시하는 LG그룹이어서 눈길을 더욱 끈다. 결국 그만큼 더 글로벌화되었고, 냉엄한 국제 경쟁에서 우위를 확보하는 계기가 된 것 같다고 언론은 평가한다.

그리고 강도 높은 비용절감에 나서, 2009년 총 3조2,000억 원의 비용을 절감할 것이라고 한다. 제품판매에서는 전통적인 효자품목인 휴대폰이 성장세를 이어간 가운데, TV분야는 영업이익이 무려 1,500% 증가하는 기염을 토했다.

이처럼 삼성전자와 LG전자는 호황기가 아니라 전 세계가 엄청난 경제적 위기에 봉착해 있는 가운데 일구어낸 실적이라는 점에서 우리에게 가슴 뿌듯한 자긍심을 느끼게 한다.

정말 대한민국 파이팅! 우리 기업 파이팅이다!!!

여기서 이 사례들을 마산에 한번 적용시켜 보자.

우선, 외곽에 대규모 공단 조성으로 대대적인 고용창출에 나서야 한다. 신규로 조성하는 공단은 미래형이고, 새로운 부가가치를 창출할 수 있는 업종을 선택해야 한다. 그것이 바로 태양열, 풍력, 조력, 2차 전지 같은 신재생에너지 관련 산업이다. 덧붙여 각종 오염방지, 수처리산업 같은 환경산업을 집중 유치해야 한다.

소위, 대규모 녹색산업단지GREEN COMPLEX를 국가산업단지로 개발하자는 것이다. 마산은 바다를 끼고 있어 물류비가 절감되는 임해 공업단지를 만들 곳이 많이 있다. 창포, 난포, 덕동만 등을 잘 개발하면 된다. 이것이 마산이 살 수 있는 유일한 길이다.

다음으로, 대대적인 교육투자를 통해 경남 최고의 교육도시 명성을 되찾아야 한다. 아무리 좋은 기업을 유치해 와서 고용이 늘어나도 교육수준이 낮으면 인구는 유출될 수밖에 없다. 특목고, 자립 또는 자율형 사립고의 유치, 공교육의 부활 등 어떤 방법을 모색하더라도 교육의 질을 높여야 한다.

이를 위해 많은 예산을 융단 폭격식으로 투입하더라도 교육은 살려야 한다. 자식의 교육을 위해 마산으로 옮겨오는 학부모가 늘어나야 마산의 영광을 재현할 수 있다.

마지막으로, 마산을 움직이는 공직자들이 주인의식을 갖고 사심 없이 열정을 쏟아 부어야 한다. 민간기업과 공직사회의 근본적인 차이는 주인이 있느냐의 여부이고, 그것은 효율성에서 엄청난 차이를 나타낸다.

기업은 위기가 오면 마른 수건도 다시 쥐어짜는데, 과연 공무원들도 그런 마음가짐으로 예산을 사용하는지 반성해야 한다. 내가 하는 일의 효율을 높이기 위해 밤새 머리를 싸매고 고민해야 하며, 다른 지방이 하지 않는 일을 끊임없이 창조해서 만들어 내야 한다. 소위 자치단체의 새로운 블루오션을 찾아 항해를 계속해야 진정한 발전을 기대할 수 있다.

정보능력을 최대한 발휘해 정부가 구상하거나 시행코자 하는 사업을 한발 먼저 따내야 하며, 다른 자치단체의 앞선 정책을 계속 벤치마킹해야 한다. 이 일을 민간 기업은 생존차원에서 추진한다. 살아남지 못하면 내 자신과 내 가족의 먹고사는 문제가 생기니까 사생결단이다. 승자독식사회에서는 치열한 승부 끝에 살아남는 자가 부를 독차지한다. 그러나 만약 공무원들은 적당히 심보가 내면에 자리 잡고 있다면 이런 조직은 결국 쇄락하고 뇌리에서 점점 사라지게 될 뿐이다. 이래서는 절대 지속적인 발전과 영광을 누릴 수 없다. 무엇보다 공무원 조직이 변화하고

개혁해야 하는 이유가 여기에 있다.

마산은 지금 기로에 서 있다. 새로운 모멘텀을 통해 도약하느냐? 그렇지 않으면, 영영 나락으로 떨어져 버릴 것인가의 전환점에 와 있는 것이다. 시민의 정신이 깨어나고, 공직자들이 사심 없이 열정을 쏟아 부으면 마산은 분명 다시 태어날 것이라고 나는 확신한다. 삼성과 LG를 보면 그 답이 나온다.

시민의 힘으로 도시를 재창조하자

공직생활 25년 동안 줄곧 회의를 품고 고민한 화두가 하나 있었다. 아니 정확하게 말하면, 민선 지방자치제가 도입된 1991년 이후에 공직에 있으면서 줄곧 해 온 생각이니까 약 20년 정도 된다.

선출직 단체장과 의회 의원이 과연 주민이 기대하는 대의정신에 어느 정도 만족도를 주느냐 하는 문제였다. 대부분은 이성적이고 합리적으로 사고하고 행동하려 하지만, 독단의 흔적과 정책결정의 졸속성으로 얼기설기 기워진 자국을 종종 보게 된다. 아무래도 선출직이다 보니 유권자를 의식한 행사참석, 정책결정과 예산집행도 더러 있으리라.

물론 경우에 따라 어떤 분들은 나의 이런 주장에 동의를 잘 하지 않을 수도 있다. 때로는 격렬하게 비판할지도 모르겠다. 아무튼 내 주장이 100%일 수는 없지만 일정 부분 동의하는 분들도 분명 많이 있으리라 생각한다.

잘잘못은 있는 그대로 드러내놓고 시시비비를 가리는 것이 우리의 일천한 지방자치 역사에 비추어 비뚤어진 단추를 바로 채우는 일이 될 것 같아 우선 문제를 제기해 본다.

가령, 선거로 선출된 단체장이 주민의 건의나 자신만의 판단으로 어떤 정책을 추진한다고 치자. 객관적인 분석이나 예산집행의 효율성에 대해 충분한 검증을 거치지 않고, 단체장의 주요 관심 사업이라는 이유로 밀어붙이는 사례를 우리는 너무도 많이 봐왔다.

이런 경우, 공직 내부에서는 대부분 추진의 당위성에만 매몰된 채 단체장의 홍위병 역할에 충실하려고 한다. 그게 사는 길이고, 출세의 지름길이기 때문이다. 행여 올곧은 소리를 냈다가는 모난 돌이 정 맞는다고 그냥 손쉬운 길을 택하게 된다. 그 사이에 추진한 정책들은 지지부진하거나 효율성을 잃어 예산낭비로 이어지는 경우가 허다하다.

결국, 시민들은 창고지기를 잘못 선택해 아까운 양식을 낭비한 셈이 된다. 이런 일이 되풀이되면 나중에 창고는 텅텅 비게 될 것이 뻔하다.

다음으로, 사전 타당성 조사나 분석을 통해 수립된 정책이나 예산의 집행계획이 의회의 심의과정에서 왜곡 변질되는 사례를 많이 접한다. 물론 사안의 성격상 여러 이해관계가 대립하거나 충돌하기 때문일 수도 있지만, 문제는 의원들이 개인이나 지역의 이익에 너무 집착하는데도 원인이 있다.

한 가지 사례를 들기로 한다. 지난 2004년 마산 부시장에 부임하고 나서 제일 놀란 일이 바로 도로였다. 그때나 지금이나 마산과 창원 간에는 러시아워 때 엄청난 교통체증에 시달린다. 직장을 가진 사람은 교통혼잡이 심한 곳에 그 흔한 지하차도 하나 없다고 마산시에 불평을 늘어놓는다. 5년이 지난 지금 겨우 북마산 극동가스 사거리에 지하차도 하나를 건설하고 있을 뿐이다.

반면에 오동동, 창동 같은 도심뿐만 아니라 자산동, 완월동, 노산동 등 시내 어느 곳 할 것 없이 상업지역, 주택가 이면도로는 지나치다 싶을 정도로 도로개설이 많이 되어 있다. 물론, 엄청난 건물 및 토지보상비가 투입되었으며, 도로개설에 따른 반사이익을 일부 주민들이 누리게 된다.

그러나 개설과 함께 도로로서의 구실은 거의 하지 못하고 주차장으로 바뀌고 만다. 도로는 왜 만드는가? 교통소통을 원활히 해서 물류 유통비용을 줄이는 것이 최우선의 목적일 것이다. 마산의 경우, 도로개설은 소통보다는 주차장 개설의 개념으로 바뀐 것처럼 완전 거꾸로 하고 있는 것이다.

이런 일이 도시의 경쟁력을 갉아 먹는 좋은 사례라 할 수 있다. 인구가 증가하고 행정이 복잡다단해지면서 우리는 주민이 직접 참여하는 직접민주주의를 실현하기가 현실적으로 어려워졌다. 당연히 주민이 대표를 뽑아 그 권한을 위임해서 처리하는 대의민주 정치가 차선으로 채택될 수밖에 없는 이유가 된다. 그러나 우리가 선택한 선량들이 앞서 언급한 바대로 항상 최선의 선택을 하는 것은 아니다. 그런 결과로 이런 일이 벌어지고 만다. 어찌 보면 너무나 당연한 현상이다.

그러면, 여기서 도시를 창조하는 역할과 권능을 일정부분 시민과 시민단체에게 돌려주는 방법은 없을까? 좋은 방법이 분명 있다고 본다. 요즘 많은 사회단체가 활동하고 있다. 내건 명분과 실제의 활동 간에는 간극이 있는 것도 사실이지만, 어쨌든 희생과 봉사, 환경보전, 내 고향 지킴이, 문화예술체육의 진흥 등을 슬로건으로 내걸고 많은 단체가 활약하고 있다.

이 단체들의 활동을 위해 각종 보조금이나 지원금을 국가나 자치단체가 지급하고 있기도 하다. 또 어떤 단체들은 행정과 많은 부분 대립각을 세우는 바람에 갈등관계에 있는 경우도 있다. 행정은 이런 단체들에 대해 대체로 부정적인 시각과 함께 대화와 타협의 끈을 이으려고 하지 않는다. 아예 배척하는 것이다. 그러니까 시시각각 티격태격 싸움질을 해댄다.

여기서 제안하고자 하는 것은 지역공동체의 삶의 질을 향상시키는

데 이들 단체와 함께 가자는 것이다. 행정이든 사회단체든 내건 목표는 동일하다. 경제적 부를 창조하고 쾌적한 환경에서 품격 있는 삶을 누리는 것이 추구하는 최종목표일 것이다. 물론 개별 사안에서는 이해관계가 대립될 수도 있다. 그러나 큰 틀에서는 같은 길을 가는 것이다.

그러자면 우선 선행되어야 할 것이 있다. 서로를 이해하고 인정하는 것이다. 행정은 사회단체가 무조건 걸림돌이라는 인식을 지워야 하고, 사회단체는 행정에 대한 묻지마 식의 불신을 잠재워야 한다.

그런 연후에 행정과 사회단체를 연결하는 제도적 장치를 마련해서 일정부분 정책수립과 집행에 참여시키는 것이다. 지역사회를 함께 가꾸어 나가는 것이다. 행정은 많은 아이디어를 시민단체로부터 얻게 되고, 사회단체는 정책의 입안과 집행에 참여함으로써 책임감을 부여받게 된다. 내가 살고 있는 공동체를 내가 가꾸어 나간다는 자긍심을 가지게 됨은 물론이고 보람도 느끼게 될 것이다.

시민단체가 제시하는 것은 지역의 문제를 해결하는 것일 수도 있고, 고용을 창출하는 투자유치일 수도 있다. 여기서 자치단체와 의회는 공동으로 기구를 구성해서 시민단체가 제시한 해법과 아이디어를 정밀하게 분석한다. 그리하여 행정의 방향과 일치하고 시민을 위해 유익한 제안이면 예산을 지원하면 된다.

우리는 선진국에서 이런 사례를 많이 접하게 된다. 지방자치가 제대로 뿌리를 내리지 못한 우리에게는 아직 많은 난제가 도사리고 있는 것은 사실이다. 소위 국가의 정치와 정책에 대해서는 엄청난 관심을 쏟고, 또 해박한 지식을 자랑하면서도 정작 내가 살고 있는 지역공동체에 대해서는 무관심하거나 심지어 비아냥거리는 풍조도 있다. 그렇게 되면 결국 자기 손해로 귀결되는데도 말이다.

선진국에는 자기 나라의 대통령 이름은 몰라도 자기가 사는 도시의 시장과 시의원은 잘 안다고 한다. 자신의 살림살이와 직접 관계되는 사람이기 때문이다. 앞으로는 지역의 살림꾼을 잘 선택해야 하고, 그 살림꾼도 전향적인 사고와 진취적인 행동으로 시민과 사회단체들을 적극적으로 시정에 참여시켜야 한다.

사심이 없고, 이루고자 하는 목적이 같으면 가슴을 열지 않을 이유가 없다. 지방의회 의원들도 사회단체의 적극적인 행정참여가 자신들의 입지를 계속 좁혀 나갈 뿐이라는 부정적인 시각을 떨쳐버려야 한다. 아이디어 제안자이자 정책의 조언자라고 생각하는 것이다.

자치단체는 어느 특정인의 전유물이 아니라 나와 내 자손이 함께 지키고 가꾸어 나가야 할 우리들의 공동체이기 때문이다.

교육의 경쟁력을 갖추자

오십 줄에 들어선 우리 시대의 초 · 중등교육은 학교 공부가 거의 전부였다. 가르치는 선생님도 자긍심에 차 있었고, 배우는 제자들도 존경과 함께 교직이 선망의 대상이었다. 요즘으로 치면 과외공부는 방과 후 수업이 대부분이었고, 거의 학교 선생님이 직접 문제출제와 채점을 했으며, 과외비는 시험지 용지대금이 전부였지만, 그나마 가정형편이 좋지 않은 사람은 선생님이 눈감아 주기도 했었다.

물론 예외적으로 부잣집 자녀들은 개인과외나 전문학원에 다니기도 했지만, 그렇게 큰 효과를 봤다는 사례는 별로 없었던 것 같다. 그만큼 공교육이 살아 있고 능력과 권위 있는 선생님들이 교단을 지키고 있었다는 증거다.

그 당시는 가난해도 공부만 잘하면 좋은 고등학교와 대학에 들어갈 수 있는 길이 있었다.

농사를 짓거나 고기를 잡는 사람도, 시장난전에서 하루하루를 벌어 먹고사는 사람들도 자식이 공부만 잘하면 출세도 하고 대물림되는 가난의 굴레도 끊을 수 있다는 희망을 갖고 살았다. 그래서 우리 부모세대는 전답을 팔고, 집을 저당잡혀서라도 꾸역꾸역 서울로 유학을 보내곤 했었다.

지금은 어떤가. 공교육은 무너져 내렸고, 선생님의 권위는 땅에 떨어져 버렸으며, 사교육이 판을 치는 세상이 되어 버렸다. 이제는 돈이 없으면 자식을 소위 일류대학에 보낼 수 없는 상황이 된 것이다.

정권이 바뀔 때마다 또 지방교육의 수장인 교육감선거 때마다 내거는 단골 공약이 사교육비 경감과 공교육의 활성화다. 그러나 지난 수십 년간 사교육비 경감은커녕 계속 늘어나기만 하고 교사와 학부모들의 불만은 식을 줄을 모르고 있다.

그러면 어떤 해결책을 찾아야 할 것인가.

결국 모든 일이 그렇듯이 원칙을 지키고 기본으로 되돌아가는 것이다. 사교육의 비중이 커지지 않도록 하기 위해서는 공교육을 정상화시키는 길뿐이다. 자립형 사립고든 특수목적고든 아니면 이명박 대통령의 공약처럼 자율형 사립고와 기숙형 공립고 설치든 간에 교육의 수요가 있으면 공급을 해 주어야 하고, 그 공급은 철저히 공교육을 정상화하는 방향에서 정책을 수립 집행해야 한다.

학교 간의 차별화를 통한 경쟁을 유도해야 하고 선생님의 교육 외 잡무가 많으면 이를 줄여주어야 한다. 그리고 대학의 학생 선발은 전적으로 대학에 그 권한을 부여해야 한다. 여기에 추가로 소요되는 예산은 국가와 자치단체가 책임을 지고 지원해야 함은 물론이다.

방과 후 수업에 필요한 경비도 충분히 지원하면서 그 성과에 따라 반드시 선생님들에게 인센티브를 부여하면 공교육은 틀림없이 살아날 수 있을 것이다.

마산의 경우를 보자.

지금 마산이 경제적으로 침체의 늪에 허덕이는 것은 생산기반의 와해와 공공기관의 이전이 주 원인이기도 하지만, 여기에 교육수준의 질적 저하가 부채질을 한 셈이 되었다.

한때 마산과 창원의 학군통합이 거론되었지만, 마산에서 반대해서 무산되었고, 지금은 상황이 역전되어 마산에서 학군통합을 거론하자 창원에서 반대를 하고 있다.

그러니까 생산 활동이 왕성하고 소득 수준이 높은 젊은층들이 계속 자녀교육을 위해 창원으로 옮겨감으로써 인구는 감소하고 도시의 침체에 가속도를 붙이게 된 것이다.

그런 면에서 마산시는 지난 20년간 생산이 왕성한 도시도 아니고 그렇다고 쾌적한 주거공간과 교육여건을 갖춘 도시도 아닌 어정쩡한 상태로 계속 지내다보니까 끝을 모르고 추락해 온 도시의 전형이 되어 버렸다.

여기서 결론은 의외로 단순하다.

우선 시 외곽에 생산거점인 대규모 공업단지를 늦었지만 최대한 빠른 시일 내에 조성해야 한다. 생산기반을 갖추지 못한 도시는 금융이나 IT, 무역 등 지식기반산업을 육성할 여건이 되면 모르되, 사상누각에 불과하기 때문이다.

결국 시민이 나눠 먹을 파이를 키울 최첩경은 생산기반 확충이 무엇보다 중요하다는 사실을 인식해야 한다. 그 다음으로 오늘의 주제인 교육의 경쟁력을 갖추는 일도 그에 못지않게 중요한 일이다.

교육의 경쟁력을 높이기 위해서는 파격적인 인재육성기금을 조성하고, 자율형 사립고와 영어마을 등을 유치해야 한다. 그리고 관내 대학의 질적 수준향상을 위해서도 특단의 대책을 마련해야 한다.

대학의 네임밸류 때문에 그 도시가 유명세와 함께 경제적 풍요도 누리는 미국 등 선진국의 사례를 적극적으로 벤치마킹해야 한다.

그 길이 마산이 사는 길이고 마산경제가 활력을 찾는 중요한 방편이라는 사실도 알아야 할 것이다.

馬
山

제6부

어제보다 나은 생활을 위한 작은 생각들

가끔은
새벽에 눈을 뜹니다.
하루를 먼저 시작하는 사람들은
한 달을, 일 년을, 십년을 앞서가기 마련입니다.

꽃이 지기로서니 바람을 탓하랴

은행잎이 노랗게 물들더니, 거리에 떨어져 작은 봉우리처럼 쌓입니다. 아, 그게 아니군요. 어느새 노란 은행잎은 한 무리씩 자취를 감추고 그 위로 깊은 겨울 강물이 흘러갑니다.

참으로 시간은 빠릅니다. 그것은 무심의 얼굴로 말없이 소리 없이 강의 끝으로 침잠합니다. 결국 가라앉을 수밖에 없음을 아는, 세찬 웅성임의 가장 나중이 무엇임을 알고 있는 이 명료한 흐름. 이것을 알기까지는 정말이지 오랜 세월이 걸립니다. 하지만 행여 무얼 조금 안다고 하는 것조차 사치스러운 자만이라고 지나는 한 줄기 바람이 일러 줍니다.

내가 알고 있는 것들이 과연 색깔과 향료와 장식을 모조리 뺀 처음의 바로 그 모습일까?

요즘 무학산의 새벽은 기가 막힙니다. 허연 입김을 뿜어가며 입 막고 귀 막고 학봉에 오르면, 이내 조금 전의 내 모습을 후회하게 됩니다. 바람 소리 듣고 산 냄새 맡으라고 눈과 귀가 있었던 것을…….

무학산 자락은 굽이굽이 절경입니다. 학봉에 오르는 여러 갈래의 길 어느 한 곳도 아름답지 않은 곳이 없습니다. 특히 학봉에서 내려다보는 마산 앞바다의 일출은 굳이 저 동해바다의 정동진을 떠올리지 않아도 충분히 아름답습니다. 마산 사람들은 아마 무학산에 올라 마산 사랑법을 배우리라 믿습니다.

사랑은 누군가에게 배우는 것이 아니라 저절로 터득하는 것이라 하더군요. 마산의 아름다움을 느낄 곳은 가득합니다. 새벽 세 시면 환하게 불이 켜지는 어시장을 아십니까?

언젠가 한밤중에 잠이 깨어 무심코 아파트 베란다를 내려다본 순간, 가슴이 확 뚫릴 정도의 큰 충격으로 다가오던 장면! 그것은 다름 아닌 새벽을 여는 사람들의 모습이었습니다. 모두가 깊은 잠에 곯아떨어져 있을 때 그들은 크리스마스트리처럼 불을 환히 밝혀 놓고, 하루를 시작하고 있었습니다. 어둠을 단호히 뿌리치며 선명하게 자신의 삶을 스케치하는 그들!

한순간 뇌리 속으로 극심한 빈혈이 덮쳐 왔습니다. 지나온 삶에 대한 자책과 부끄러움이 뒤엉기고 있었습니다. 그들이 펼치는 새벽의 몇 시간은 내가 잃어버린 수많은 시간을 비웃고 있었던 것입니다.

요즘 내게 주어진 이 빈 공간을 사랑합니다. 여백은 거기 채워질 또 다른 무엇이 있기에 아름답다고 합니다. 마산도 빈 곳이 많습니다. 바다를 휘돌아 갈래 갈래로 길이 펼쳐져 있는 구산면, 진동 진북 진전, 마창대교가 놓인 가포, 새끼 거북이처럼 귀여운 돝섬…….

주변의 것을 맑고 고운 시선으로 보면 그들 또한 맑고 고운 시선으로 응답해 줍니다. 마산이 잘 될 거라고 믿으면 마산은 반드시 잘 됩니다. 앞서 달려 나간 사람은 먼저 지치지 않습니까?

가끔은 새벽에 눈을 뜹니다. 하루를 먼저 시작하는 사람들은 한 달을, 일 년을, 십년을 앞서가기 마련입니다. 그들의 힘찬 움직임을 보면서 잠들어 있던 영혼을 툭, 툭, 건드려 봅니다. 아직은 웅비할 그 무엇이 있음을 깨우쳐 주는 섬뜩한 한기가 전신을 에워쌉니다. 다가올 시간들이 무섭고 두렵습니다. 그러나 저 앞에 가로놓인 바다를 건너야 하므로 아무도 닻을 내리지 못합니다. 다만 풍랑이나 해일을 피해갈 수 있기를 바랄 뿐.

마산을 짊어지고 가는 새벽 어시장은 오늘도 어김없이 열립니다. 그렇습니다. 마산은 아직도 무한의 가능성이 있습니다. 어둠을 허용하지 않는 마산 사람들, 사계절 내내 잠들지 않는 무학산, 푸른 물결로 굽이치는 마산 앞바다…….

이 모든 것은 마산의 훌륭한 자원 아닙니까.

인생의 굽이에 추락이 있으면 반드시 비상도 있음을 믿습니다. 오늘 새벽, 조지훈의 시 한 구절이 떠오르는군요.

꽃이 지기로서니 바람을 탓하랴…….

버림의 미학

나뭇가지는 애써 움을 틔운 뒤 여름 내내 힘껏 물을 빨아들이고 열매를 키워 가을이면 탐스런 결실을 인간사회에 되돌려 준다. 그리고는 잠깐 만산홍엽으로 자태를 뽐내다가 이내 모든 번뇌와 상념을 털어버리기라도 하듯 그 많은 잎을 훌훌 날려버리고 몸을 단출하게 정리한다.

반라의 초라한 모습은 전혀 문제가 되지 않는 듯 길고 힘든 겨울을 나기 위한 주변정리를 철저히 해 나간다. 잎을 버려야 언 겨울에도 많은 수분을 빨아들일 필요가 없고 삭풍에도 견디기 쉬우며 펑펑 쏟아지는 눈에도 가지가 부러질 염려가 없지 않겠는가. 그래서 버리는 것이다.

이처럼 자신의 분신을 과감히 버리고 긴 고통을 감내하는 것은 얼핏 모든 번뇌와 잡념을 버리고 긴 동안거와 하안거에서 용맹정진하는 수도승의 모습처럼 우리의 마음을 경건하게 만든다. 버려야 더 크게 얻게 되는 자연의 섭리와 이치를 나무는 알고 있는데 우리 인간 군상들은 왜 모르는지…….

내 자신과 주변을 돌아본다.

돈을 벌고 모으려고만 했지 어렵고 힘든 이웃을 위해 과연 얼마나 적선을 하고 힘이 되어 주었을까? 주머니를 채우려고만 했지 비우려는 생각은 한 적이 없는 것 같아 부끄러워진다.

주변에도 자신과 가족을 위해서는 돈을 펑펑 쓰면서도 막상 힘든 사람을 위해서는 아주 인색한 사람들을 많이 본다. 어떤 사람은 벌기에만 급급했지 자신이 쓰는데도 인색해 많은 재산을 남겨 놓고 그냥 가는 사람도 부지기수다. 그런 집안에는 재산문제에 따른 다툼으로 가족 간의 불화가 많은 사람들의 입방아에 오르내린다.

공부도 그렇다. 영어 단어를 외우는데 잘 외워지지 않는다고 투덜대는 학생이 많다. 낯선 단어는 읽고 버리고, 또 나타나면 읽고 버리고 그렇게 수십 번을 해야 자기 단어가 된다는 사실을 모르고 머리 탓만 하는 것이다.

사람의 기억력이 분명 한계가 있을진대, 한두 번 듣고 본 단어나 수학공식 그리고 논리의 귀결이 다 자신의 것이 될 거라는 믿음은 착각 중에서도 큰 착각이다. 결국 버려야 다시 자기 것으로 돌아온다는 평범한 진리를 깨달을 때 공부는 정복된다.

명함을 주고받다 보면 엄청나게 많은 직함과 직업을 가진 사람을 때때로 보게 된다. 물론 부와 명예를 쌓고 또 사회적인 지위가 향상되는 걸 싫어하는 사람은 별로 없을 것이다.

그러나 사람의 능력은 한계가 있는 법! 그 많은 직책과 직위를 어떻게 감당해 내는지 고개가 갸웃거려지는 사람들이 더러 있다. 결국 자신만이 할 수 있다는 자만심에 다름 아니고 버림의 미학을 모르는 소치라고 할 수밖에 없다.

우리가 조직에서 사회생활을 하거나 사업을 하다 보면 끊임없이 많은 문제에 부딪힌다. 그때마다 필요한 의사결정을 해야 함은 물론이다. 이때 일을 처리하는 원칙과 기준은 의외로 단순하다. 바로 선택과 집중이다. 그리고 경중과 완급을 가려 추진하면 된다.

모든 문제를 한꺼번에 일사천리로 해결할 순 없다. 중요한 것과 덜 중요한 것, 급한 것과 덜 급한 것을 구분해서 버릴 것은 버리거나 뒤로 돌리고 중요한 것과 급한 것을 먼저 해 나가야 하는 것이다. 역시 이때도 버림의 미학이 적용된다.

자기를 버리거나 비움으로써 찬란하게 다시 빛을 발하는 것도 있다.

장기기증을 하는 사람들은 자신을 버림으로서 많은 사람들이 새 세상에 다시 태어난다. 이보다 더 아름다운 일이 없다. 그리고 자신의 재산을 이 사회를 위해 아낌없이 기부하는 사람들이 또 아름답다.

워런 버핏은 2006년 자신의 전 재산 중 85%인 370억 달러를 빌게이츠 부부가 운영하는 '빌 앤드 멜린다 게이츠' 재단에 기부했다. 우리나라 재벌들은 총수가 문제가 되어 법정에 서거나 하면 여론 무마용으로 재산을 기부하곤 하는데 그 진정성도 의심스럽고 차원부터가 다르다.

인생이란 공수래공수거, 빈손으로 왔다가 빈손으로 가는 게 바로 인생이다. 버려야 새로 채울 수 있고, 버리고 버림으로써 완전한 내 것으로 된다. 천하미물인 초목도 과감히 자기를 버리는데, 하물며 만물의 영장인 사람이 자신을 붙들어 매고는 버릴 줄을 모른대서야 말이 되는가?

맥아더와 아이젠하워

더글러스 맥아더Douglas MacArthur (1880~1964)만큼 군사적 성공을 이룩한 인물도 드물 것이다. 그러나 그의 인물됨에 대한 평가는 극과 극을 달린다.

맥아더는 미국과 스페인전에서 대승을 거둔 군인 아버지와 아들에게 유별난 애정을 가졌던 어머니 메리 핑키의 슬하에서 태어났다. 미국 육사를 수석으로 졸업하고, 최연소 참모총장, 제1,2차 세계대전을 승리로 이끌며 미군 생애 최고의 훈장인 은성무공훈장을 일곱 차례나 받았고, 미 육군 역사상 넷밖에 없는 5성 장군이었다.

더욱이 맥아더는 일본을 전쟁에서 패망시켜 우리에게 광복을 안겨준 사람, 6 · 25전쟁 때 인천상륙작전으로 공산화 위기에 처했던 한국을 구해준 정의로운 군인으로 많이 각인되어 있다.

맥아더는 리더로서의 외형적, 기질적 자질을 갖춘 사람으로 평가되고 있다. 우뚝 솟은 키와 미남형에다 파이프를 물고 있는 역사 속의 사진에서 친숙한 이미지와 함께 때로는 범할 수 없는 근엄함도 느끼게 된다. 특히 전쟁 중에도 동료 장군들과 구별되는 특이한 모자와 스웨터, 긴 머플러 그리고 선글라스를 애용하고, 더러는 말채찍을 들고 옥수수 파이프를 문 모습은 그를 멋쟁이로 보이게 했다.

일례로 일본이 패망했을 때 일본의 천황을 전범으로 몰지는 않았지만, 키 작은 천황이 맥아더 장군을 찾아와 머리를 숙이며 함께 사진을 찍는 모습이 언론에 배포되자, 일본 국민들은 말로 하지 않아도 패배를 인정하는 모습으로 각인되었다고 전한다.

그는 화내는 일도 잘 없는 냉철한 성격의 소유자였으며, 조국에 대한 충성심, 죽음을 두려워하지 않는 자신감과 용기, 절묘한 타이밍의 작전과 실행, 부하와 타인에 대한 관심과 사랑, 개성 있는 쇼맨십과 카리스마, 철저한 자기관리 등을 통해 오늘을 사는 우리에게 많은 교훈을 주는 리더십을 발휘했다.

맥아더는 항상 위험을 무릅쓰고 앞장서서 지휘하는 저돌적인 지휘관이었으며, 군과 국가를 위해 자신을 내던졌던 헌신적인 장군이었다. 1,2

차 세계대전에서 수많은 전투에 승리하고 퇴역하였으나, 대일관계 악화로 전운이 감돌자 다시 현역으로 참전하여 필리핀에서 일본군의 진격을 저지하는 임무를 수행하였다, 또한 한국전쟁이 발발했을 때는 71세의 고령에 파킨슨씨병이라는 진단을 받았는데도, 다시 부름을 받아 마지막까지 임무를 수행해 전쟁을 승리로 이끌었다.

그러나 맥아더는 군 지휘권에 만족하지 않고 권력 또한 열망했다. 군인 가문에서 태어나 엘리트 코스를 밟은 맥아더에게는 어찌 보면 필연이고 당연한 일이었는지도 모른다.

맥아더 장군의 천재적인 선전술과 쇼맨십은 워싱턴 반대파들의 방해공작에도 불구하고 일본을 패배시킨 것은 전적으로 맥아더의 지휘능력 덕분이라고 미국인들에게 각인시켰다.

1950년에 발생한 한국전쟁으로 맥아더는 다시 주목을 받게 된다. 낙동강 전선까지 밀렸던 연합군이 인천상륙작전으로 단숨에 전세를 역전시키고, 이에 맥아더는 한반도에서 군사적 승리를 거두면 냉전의 흐름이 바뀔 것이고, 이 전쟁을 책임진 사령관으로서 자신의 정치적 입지도 확실히 굳힐 수 있다고 판단한다.

그래서 중공군이 개입하자, 그는 만주폭격과 중국연안 봉쇄, 대만 국부군의 사용을 주장했고, 이 일로 트루먼 대통령과 대립각을 세우는 바람에 1951년 4월 사령관의 지위에서 해임된다.

'노병은 죽지 않고, 다만 사라질 뿐이다' 라는 유명한 말을 남기고….

귀국 후에는 한때 공화당 대통령후보로 지명된 적이 있었지만, 성공하지는 못했다. 결국 성공한 군인이었지만 성공한 정치가는 못된 셈이다.

반면, 아이젠하워Dwight David Eisenhower(1890~1969)는 맥아더보다 10살이 아래인데, 텍사스 주의 농가에서 태어나 육사를 졸업하고, 1933년에는 육군참모총장 맥아더의 참모가 되었다.

1935~1939년에는 필리핀 군사고문을 지낸 맥아더 휘하에서 주둔군 양성을 맡았으며, 1942년 북아프리카 방면 연합군 사령관, 1943년 유럽최고사령관 1945년 육군참모총장, 1950년 나토군 최고사령관을 거쳐 1952년 대통령 선거에 당선, 8년간 대통령을 지냈다.

성격은 밝고 포용력이 있었으며, 아이크Ike라는 애칭으로 불렸다. 지휘관이 된 후로 어려운 문제가 중첩되어 있던 연합군 통합 지휘업무를 조정, 통솔하여 명성을 떨쳤다.

나중에는 34대 대통령이 된다. 대통령 재임 중에는 덜레스 국무장관과 닉슨 부통령을 중용하여 수완을 발휘하였다. 대통령 재임 시에 6·25전쟁의 휴전, 아이젠하워 독트린, 수에즈운하 문제 수습 등에 많은 역량을 보여준 지도자였다.

미국의 대통령들이 대통령직 수행의 원칙으로 삼고 있는 것에 소위 '아이젠하워 원칙' 이라는 것이 있는데, 이 방법은 어지럽고 복잡한 상태를 간단하게 정돈하여 주는 방법을 말한다.

먼저, 빈 책상이나 방바닥을 4등분으로 나누고 가, 나, 다, 라 이름을 붙인다. 그런 다음, 책상 안의 물건이나 방구석에 흩어진 물건들을 4등분한 자리에 각각 놓아 쌓는다.

㈎ 구역에는 버릴 물건들을 쌓는다.
㈏ 구역에는 다른 사람들에게 전달해 주거나 위탁 처리할 것들을 쌓는다.
㈐ 구역에는 지금 당장 해결해야 할 것들을 쌓는다.
㈑ 구역에는 해야 할 일들 중 긴급하지 않은 사안들을 쌓는다.

이들 4등분의 방법은 ① 중간에 어정쩡하게 걸쳐 놓지 않아야 하며 ② 각 서류는 주저 없이 한 번 만에 손에 잡아야 하고 ③ 5구역, 6구역 등을 만들면 안 된다는 원칙을 엄격히 지켜야 한다. 이런 방법으로 주변을 정리해 나가면 새로운 일을 할 수 있는 여유와 공간이 생기게 된다는 것이다.

그러면 여기서 이 두 사람의 리더십을 비교해 보기로 하자.

맥아더와 아이크는 둘 다 2차 세계대전의 영웅이었지만, 육군사관학교 시절엔 서로 상반된 평가를 받았다.

맥아더는 단연 수재로서 수석졸업을 했고 많은 사람들의 선망의 대상이었으며 그의 출세를 의심하는 사람은 거의 없었다. 반면, 아이크는 졸업 때 중간 정도의 성적에 그렇게 개성이 강하지도 않아 많은 사람의 기억에 남지도 않았으며 장차 대통령이 될 것이라고는 아무도 생각지 않았다.

그러나 수재였던 맥아더는 트루만에 의해 강제 해임된 반면, 아이크는 재선 대통령으로서 미국 역사에 큰 페이지를 장식했다. 여기에 인생의 교묘함이 숨어 있다.

맥아더는 자존심이 강하고 고립적이었으며, 스타일리스트였으나 사람을 다루는 데에는 아이크에 못 미쳤다는 게 정설이다. 아이크는 사람을 좋아하고, 사람들 또한 아이크를 무척 따랐다. 애칭인 아이크도 'I like'의 약자라는 사실에도 이 사실이 잘 나타난다. 아이크는 젊을 때부터 사람을 다루는 뛰어난 재능이 있었는데, 이것이 바탕이 되어 주위의 추대와 도움으로 급성장하게 된다.

그의 역량이 최고로 발휘된 것은 대서양연합군 총사령관으로 활동할 때의 일이다. 당시 맥아더는 태평양연합군 총사령관이었는데, 이 지역은 사실 맥아더의 독무대였다. 왜냐하면 미군이 사실상 이 지역의 전쟁을 홀로 수행하고 있었기 때문에 어느 누구의 간섭도 없었기 때문이다.

그러나 전쟁의 다른 한 축인 독일과의 유럽전선은 미국 이외에도 영국, 소련 등 당대의 강대국들이 함께 전쟁을 수행하고 있었던 것이다.

영국은 국력이 많이 쇠퇴했지만 그래도 대영제국이라는 자부심과 독일의 맹공 앞에 서부전선을 유지해 왔다는 자신감을 가지고 있었다. 게

다가 영국의 처칠, 프랑스의 드골 등 정치적 초거물들이 버티고 있고, 당시는 2차 대전의 중대 전환점인 노르망디 상륙작전을 계획하면서 이들 국가와의 협력이 절실한 시기였다.

아이크의 상대였던 영국의 몽고메리 장군과 그 휘하의 장병들은 양키의 지휘를 받을 수 없다며 무시하기도 했다. 하지만 아이크는 특유의 친화력으로 깐깐한 몽고메리의 협조를 이끌어 냈으며, 극렬하게 대립하던 영국군을 설득하여 노르망디 상륙작전의 성공과 유럽전선에서의 전쟁을 승리로 장식하게 된다.

당시 맥아더는 자신의 참모 출신인 아이크를 공개석상에서도 다소 하대하는 듯한 분위기를 풍겼고, 그래서 둘 사이는 좀 껄끄러웠다고 한다.

아이크는 미국 정계에서도 특유의 친화력으로 높은 점수를 받고 있었고, 맥아더는 독불장군식 행동으로 의회의 지지를 잃고 있었다는 것이다. 결국 아이크는 제34대 미국 대통령에 당선되고 영국과 프랑스의 수에즈운하 점령을 막아내 전 세계에 미국의 확고한 주도권을 마련하게 된다.

아이크는 천재적 재능보다 친화력 있는 폭넓은 인간관계가 얼마나 큰 장점과 능력이 될 수 있는지 보여준 명장이었고, 성공한 전쟁영웅이자 대통령이었다. 그의 지도력은 유럽 총연합군을 하나로 뭉치게 했고, 유럽전의 승리를 가져왔으며, 종전 후 미국이 세계질서를 제패하는데

결정적인 공헌을 하게 된다. 여기서 우리는 개성이 강하고 결집이 잘 안 되는 유럽의 지도자들을 이끌고 전쟁광인 히틀러를 타도하기 위해서는 맥아더의 카리스마적인 리더십보다 아이크의 조화로운 리더십이 더 강함을 알게 된다.

열정의 지도자가 세상을 바꾼다

—발상의 전환을 통해 신화를 창조한 정주영 회장에게서 배운다

아놀드 토인비는 '열정을 갖고 일하면 성공하지 못할 일은 없다' 고 했다. 마이크로소프트의 빌 게이츠도 어릴 때부터 컴퓨터에 미친놈이라는 손가락질을 받았고, 하버드대학을 중퇴하면서까지 프로그래밍에 미쳐 오늘날 세계 최고의 갑부가 되었다.

어릴 적 가난이 싫어 19살 때 아버지의 소 판 돈 70원을 가지고 무작정 상경해 쌀가게 점원으로 취직해 몸뚱이 하나와 신용으로 오늘날의 현대그룹을 일군 고 정주영 회장도 열정과 함께 발상의 전환을 통해 신화를 창조한 선각자였다.

물론 사람에 따라서는 각각의 평가가 다르겠지만 우리가 정주영 회장에게서 배워야 할 열정과 창조적 사례 몇 가지를 소개하면서 오늘을 사는 지혜를 구할까 한다.

6 · 25로 남북이 갈라지고 만신창이가 된 국토는 1960년대 초만 해도 전력과 산업시설이 북쪽에 편중되어 1인당 국민소득도 북한에 뒤진 상태였다. 기아와 질병이 끊이지 않는 가운데에서 우리는 국토를 재건할 재원 마련을 위해 동분서주했다.

1960년대에는 서독에 광부와 간호사를 파견해서 이들이 병원과 지하 수천 미터 막장에서 흘린 땀의 대가로 벌어들인 달러로 우리가 필요한 자원을 수입하거나 국가발전에 사용했다. 1960년대 중반부터 1973년까지는 베트남전쟁의 특수가 또한 우리 경제의 발전에 크게 기여했다. 여기서도 우리의 귀중한 형제들이 많은 피를 흘렸고, 또 땀의 대가로 달러를 벌어들였다.

베트남전쟁이 끝나자 우리는 마땅한 달러벌이처가 없어 곤궁한 입장에 처하게 되었고, 설상가상으로 제1차 오일쇼크로 유가가 급등하면서 세계 경제가 큰 위기에 봉착하게 된다.

오늘날 기아와 만성적인 식량 부족, 군비 확장에 혈안이 된 북한이 달러벌이를 위해 해외공관마다 식당을 운영하는 것이나 심지어 마약밀매, 밀수까지도 해서 간혹 언론의 관심을 끄는 것을 보면 이를 잘 알 수 있다. 그때 당시 우리의 사정이 그러했으리라.

이때 오일달러로 초호황을 누리던 사우디 국왕이 중동을 사막의 오아시스로 만들기 위해 당시의 박정희 대통령에게 한국 건설업체의 진출 가능성을 타진하게 된다.

요청을 받은 박 대통령은 공무원과 건설업계 대표를 수차례 파견했으나 번번이 불가능하다는 보고를 받았다. 이들이 반대하는 이유는, 중동은 열사의 나라로 낮에는 섭씨 50도가 넘어 불볕더위에 건설공사가 불가하며, 물 또한 부족해 선진국들도 이미 포기한 상태라는 것이었다.

실망한 박 대통령은 현대건설 창업주인 정주영 회장을 마지막으로 중동에 파견했는데, 당초보다 일주일 앞당겨 귀국한 정주영 회장은 우리 건설업계가 진출할 절호의 기회가 왔다고 보고했다. 앞서 파견된 사람들과는 정반대의 견해였던 것이다.

▶우선, 낮이 더우면 밤에 일하면 충분히 되고(지금 서울 등의 도로 보수 공사는 낮의 교통체증 때문에 밤에 일하는 것이 보통이 되었다)

▶물은 차량이 있으면 비용은 좀 더 들지만 어떤 방식이든 가져올 수 있으며

▶오히려 사막지역이라 지척에 모래, 자갈 등 건설자재가 지천으로 널려 있어 비용을 획기적으로 줄일 수 있다는 것이었다.

이 얼마나 기발한 역발상인가!

이에 따라 박 대통령은 전폭적으로 현대건설을 밀어 주었으며, 이것이 기폭제가 되어 전성기에는 최대 30만 명의 근로자가 중동에서 일해 귀중한 달러를 벌어들였다.

우리가 1960~70년대에 두 자리 수의 경제성장률을 달성하는데, 이들의 역할이 컸음은 물론이다. 두 번째는 500원짜리 지폐 속 거북선의 신화가 오늘날 세계 최고의 조선 그룹인 현대중공업그룹을 만든 계기가 되었다는 사실이다. 요즘 광고에 등장하는 장면이다.

1971년 당시 울산 현대조선의 설계도만 들고 정주영 회장은 조선소를 지을 종잣돈 마련을 위해 영국 바클레이 은행과의 차관 교섭 차 A&P애플도어의 롱바톰 회장을 만났다. 조선소 설립경험도 없고 선주도 없는 상황에서 이들의 대답은 당연히 NO!였다.

그때 정 회장은 바지주머니에서 500원짜리 지폐에 그려져 있던 거북선을 가리키면서

"이 돈의 거북선을 보시오. 우리는 이미 300년 전인 1500년대에 철갑선을 만든 민족이오. 산업화가 늦었을 뿐 잠재력이 있는 나라요."

라고 설득해 차관 제공을 성사시켰으며, 그 직후 그리스 리바노스사에서 유조선 두 척을 수주함으로써 오늘날의 현대중공업으로 성장하게 된다. 이 이야기는 2006년 11월 당시 노무현 대통령이 그리스를 방문해 이 일화를 소개하기도 해서 더욱 유명해졌다.

세 번째는 1980년대 초 시작된 서산 간척지 매립사업에서의 이야기

다.

방조제 마지막 부분 270여 미터를 연결하는 작업에서 난관에 부딪혔다. 서해안은 잘 알다시피 조수간만의 차가 심해 아무리 돌과 흙을 쏟아부어도 쓸려 내려가 어려움을 겪고 있던 중이었다. 이때 정주영 회장이 고안해 낸 것이 폐유조선을 가라앉혀 조수의 흐름을 차단한 뒤 바윗돌을 쏟아 붓는 소위 유조선공법이었다.

당시 인천제철에는 320m짜리 폐유조선이 있었고, 이의 처리에 골머리를 앓고 있었는데 이 폐선박이 아주 유용하게 활용된 것이다.

1984년 2월 24일 세계 언론의 주목 속에 이 공법은 대성공을 거두었고, 현대는 공기를 35개월, 공사비 280억 원을 절감할 수 있었다.

이 밖에도 정주영 회장에 관한 신화적인 일화는 너무 많지만, 이제 마지막으로 세기의 엔터테인먼트가 된 '소떼몰이 방북' 이야기를 할까 한다.

1998년 6월 16일, 수백 마리의 소를 실은 트럭이 판문점을 넘어 북으로 향했다. 전 세계의 이목이 집중된 이 이벤트는 금강산 관광, 남북정상회담으로 이어지며 남북 간 화해무드 조성에 결정적인 역할을 했다.

프랑스의 문명비평가인 기 소르망은 이를 '20세기 마지막 전위예술'이라고 평하기도 했다.

현대 관계자는 왕회장(정회장의 애칭)이 서울로 올 때 소 판 돈 70원을 가지고 온 것을 항상 빚으로 생각했고, 이를 이제 고향에 돌려준다는 취지에서 출발, 소떼몰이 방북을 생각해 낸 것 같다고 말하기도 했다. 그러나 이를 경제적인 측면에서 평가해도 이 이벤트는 엄청난 이익을 남긴 행사였다는 사실이다.

현대그룹은 자동차, 선박, 해운, 해외건설 등을 주력으로 하는 기업 그룹이다. 그런데 소떼몰이 방북에 든 비용이 정확히 얼마인지 모르지만, 세계 언론이 대서특필하면서 얻은 현대그룹의 이미지는 수천억 원을 쏟아 부어도 모자랄 만큼 업그레이드되었다는 사실이다.

이 얼마나 대단한 아이디어이고 획기적인 발상의 전환인가!

사심 없이 열정을 가진 지도자가 가정과 기업, 그리고 국가를 부흥시키고 키워 가는 가장 큰 원천이라는 사실을 우리는 알아야 한다.

사방을 둘러보아도 어렵다는 사람만 만나게 되는 요즘이다. 이런 때 사막에서 오아시스를 일군 정주영 신화에서 우리는 배워야 할 점이 많은 것 같다.

위기가 곧 기회라는 말은 여기에서도 통한다.

스톡데일 패러독스Stodale's Paradox를 생각한다

냉혹한 현실을 냉정하게 받아들이면서도 최종 목표달성에 대한 흔들림 없는 믿음으로 현실을 이겨내는 맹세의 이중성을 스톡데일 패러독스라고 한다.

즉, 결국에는 성공할 거라는 믿음을 잃지 않는 동시에, 눈앞에 닥친 현실 속의 냉혹한 사실을 직시해 이를 극복해 나가는 것을 말한다.

이 용어는 베트남전쟁에서 월맹군의 '하노이 힐턴' 포로수용소에 수용되어 있던 미군 장교 짐 스톡데일Jim.Stockdale 장군의 이름에서 유래한 말이다. 스톡데일은 포로수용소에서 8년간(1965~1973) 갇혀 있는 동안에 20여 차례 고문을 당하면서, 전쟁포로의 권리도 보장받지 못하고 정해진 석방 일자도 모르는 그 긴 암울한 여건에서도 결코 희망의 끈을 놓지 않고 견뎌냈다. 마침내는 수용소에서 풀려나 가족을 다시 만나고, 국민적 영웅이 되고, 3성 장군으로 예편해 만년에는 대학에서 철학을 연구하며 보내고 있다.

그가 불확실한 운명과 고문, 그리고 황량하고 침통한 포로수용소 생활을 견뎌낸 것은 거기서 풀려날 거라는 희망을 추호도 의심하지 않았던 것이다. 그리고 한 걸음 더 나아가 그 경험을 자기 생애의 전기로 삼아 반드시 성공할 거라는 믿음이 확고했기 때문이었다.

반대로 그러한 상황을 견뎌내지 못한 사람은 다름 아닌 낙관주의자들이었다는 사실에서 우리는 의미심장한 깨달음을 얻는다.

크리스마스 때는 나갈 거라고 믿었던 사람이 크리스마스가 지나면, 다시 부활절을 기대하고, 부활절에도 석방되지 않으면 또다시 추수감사절을 고대하다가 결국에는 상심해서 죽는다는 것이다.

여기서 스톡데일 패러독스는 아무리 눈앞에 닥친 현실이 어려운 고난의 길이라도 결국에는 성공할거라는 믿음을 잃지 않고, 현실 속의 냉혹한 사실들을 직시하는 것이 성공할 수 있는 근본적인 사고방식이라는 것을 가르치고 있다.

나 자신 이제 공직에서 물러난 지 4년을 맞고 있다. 지금은 공직자가 아닌 야인으로 많은 사람들과 교우하고 있다. 공직생활에서는 접촉하기가 쉽지 않았던 많은 우리 이웃들을 만나게 되고, 그들의 주된 관심이 무엇인지도 이제는 어렴풋이 알게 되는 것 같다.

요즘처럼 재테크 방법이 많은 시대에 남들처럼 아파트로 갈아타기도 하고 개발정보를 알아 외곽에 땅 몇 필지라도 장만해 놓았어야 했는데 그걸 놓쳐버린 것이다. 앞뒤 돌아보지 않고 한집에 꾹꾹 오래 눌러앉아 자식 키우는 것이 상책인 줄 알았던 자신이 바보 같기도 하고, 그래서 가족이나 친구들에게는 무능한 사람으로 비칠까봐 창피하기도 한 그런 복잡한 심정일 것이다.

이런 사실을 토로하는 주변 사람들을 너무 자주 만나게 된다. 그러니까 속은 부글부글 끓는데 겉으로 표현은 하지 못하고 있는 셈이다. 이게 지금 마산이 처한 현실이고 흐름의 본류다.

내 주변에는 많은 사람들이 찾아와서 도와주기도 하고 격려해 주는 분들도 많다. 그렇지만 믿었던 친구, 친척, 지인들 중 많은 사람들이 또한 내 곁을 떠나가기도 한다. 이유는 여러 가지가 있겠지만 소위 돈이 안 되는 사람 같아서 떠나는 사람이 제일 많을 것이다. 더러는 내가 자기들에게 손을 벌릴까봐 피하는 경우도 있으리라.

내 입장에서는 오는 사람은 정말 고맙고, 그렇다고 굳이 떠나가는 사람을 딱히 막을 방법은 없다. 혹시 섭섭해서 그러는지, 내가 잘못 대해서 그런 건지 내 처신에 대해 반성하고 겸손해야 한다고 늘 다짐은 하지만 말이다.

내 입장에서는 그저 물 흘러가듯 낮은 자세로 응대하고 화를 주든 복을 주든 주는 대로 받으면서 옆은 돌아보지 않고 가던 길을 계속 갈 뿐이다.

더러 내 주변에 찾아오는 사람이 마음에 들지 않는다고, 또 별로 득이 되지 않는다고 자주 만나지 말라고 충고하는 사람들이 간혹 있다. 그렇지만 나 좋다고 찾아오는 사람을 주변의 평가가 좋지 않다고 오지 말라고 할 수는 없는 일 아닌가!

사람 만나는 일을 어떻게 꼭 손익계산만 해가며 만날 수 있는가 말이다. 설사 그렇게 해서 내게 주어지는 손해는 내가 감내할 수밖에….

혹자는 내가 마산 사람이 아니라고 한다. 마산에서 청년기를 시작했고, 대학과 대학원을 다니고, 이후 25년을 살았으며, 앞으로도 살아갈 사람을 두고 마산 사람이 아니라는 논리는 참 이상하다.

미국은 거의 대부분의 사람들이 세계 각국에서 모인 사람들이다. 인종도 다르고, 피부빛도 다르지만 엄연히 미국 국민이 아닌가. 이미 세계화의 시대고, 세계를 지구촌으로 부르는 시대에 살고 있다.

요즘 기업의 CEO는 물론이고, 한 나라의 장 · 차관이나 고위관료도 필요하면 수입을 해서라도 써야 할 때가 아닌가?

언제까지 자기 몫을 챙기기 위해 두꺼운 울타리를 쳐 놓고 자신의 이익이 침해되지 않도록 자기편, 자기 사람만 심겠다는 그런 발상을 하고 있을 것인지 참 한심한 생각이 든다.

이미 이 벽은 무너지기 시작했으며 이제 많은 마산시민들도 이런 몇몇 사람들의 기득권 수호에 염증을 느끼고 있다는 사실이다. 마산의 희망은 이런 벽이 무너지고 새 술이 부대에 채워질 때 비로소 찾아올 것임을 나는 안다.

하동을 잠시 다녀왔다. 하동의 봄은 장관이다. 섬진강을 따라 벚꽃이 하염없고, 벚꽃이 지면 달빛처럼 하얀 배꽃이 핀다. 꽃이 지건 피건 상관없이 녹차는 뿌리를 뻗어간다. 평일인데도 그렇게 많은 사람을 불러들이는 모습을 보고 놀랐다.

돌아온 마산의 밤길은 언제나처럼 어둡고 칙칙하기만 하다.

화창한 날씨에 문득 베트남전쟁에서 유명한 고사가 된 스톡데일 패러독스가 생각나는 건 왠지 모르겠다.

윈스턴 처칠Winston.L.S.Churchill에게서 배운다

1874년 11월 재무장관과 보수당수를 역임한 랜돌프 처칠 경과 미국인 어머니 사이에서 태어난 처칠은 출생과 성장과정에서의 많은 난관을 극복하고, 제2차 세계대전을 승리로 이끈 영웅이자 전 세계인이 존경하는 정치인으로 추앙받고 있다.

그러나 좋은 가문은 허울일 뿐 아버지는 성병으로 죽고, 어머니는 사생활이 난잡해서 애인이 수십 명이었고 남편이 세상을 뜬 후에는 아들보다 어린 청년과 재혼을 하는 등 처칠의 성장과정에 아무런 도움도 주지 못한 부모들이었다.

그럼에도 처칠은 아버지에게 애착을 느껴, 그를 닮거나 관심을 끌려 했으나 낭비벽과 자기밖에 모르는 이기심에 충만한 아버지는 아들을 전혀 거들떠보지도 않았다.

역사와 작문에는 뛰어났지만 수학실력이 형편없었던 처칠이었기에 군인밖에 할 것이 없다는 아버지의 판단으로 샌드허스트 왕립 육군사관학교에 겨우 들어간다. 그것도 두 번 떨어지고 세 번째 시험에서, 합격자 102명 중 92등이었다.

장교가 된 이후 인도, 이집트, 수단 등의 식민지를 옮겨 다니다 보수당 후보로 나섰으나 낙선하고, 돈벌이를 위해 종군기자로 남아프리카에 가서 네덜란드계 주민들과 영국군이 싸운 '보어전쟁'에 끼어들어 포로로 잡혔다. 이때 처칠은 탈출을 시도했고, 탈출하는 과정이 알려지면서 유명세를 타 선거에도 도움을 주었고, 그 결과 1900년에 스물다섯 살의 나이로 처음으로 하원의원에 당선된다.

정계에서는 자유당과 보수당을 오고 가는 변신을 거듭했으며, 제1차 세계대전 때는 자유당 내각의 해군장관으로서 전쟁을 맞이했다. 전쟁이 계속 길어지자 발칸반도에서 연 10만의 병력을 투입해 벌인 '다르다넬스 작전'이 터키의 아버지라는 전설을 만든 무스타파 케말이 이끈 터키군에 패해 그 책임을 지고 해군장관직을 물러난다.

1923년 맥도날드 노동당 내각이 들어선 이후 1939년 제2차 세계대전이 일어날 때까지 처칠은 정권의 요직에서 밀려나 있는 등 찬밥 신세를 면치 못하였다. 완고한 제국주의자인 처칠은 1933년 히틀러가 등장하자, 독일의 위협에 맞서 군비증강을 주장하지만, 보수당의 볼드윈 내각도 그를 호전적이라며 계속 무시한다.

그러나 히틀러가 1935년에 제1차 세계대전의 산물인 베르사이유 조약을 폐기하고, 1936년 독일군의 라인란트 진주, 1938년 오스트리아 합병, 1939년 체코 합병과 같은 전쟁을 위한 걸음을 멈추지 않자, 처칠은 그때마다 줄곧 쉬지 않고 그 대비를 주장하지만 내각은 그를 전쟁광이라며 아예 취급을 하지 않는다.

그것은 보수당의 볼드윈 총리와 제2인자인 재무장관 챔벌린에게 처칠은 권력유지와 장차의 권력승계에 장애가 되는 정적이었기 때문에 더욱 그를 멀리하게 하는 원인이 되었던 것 같다.

아무튼 1939년 제2차 세계대전이 시작되자, 다급해진 보수당의 챔벌린 총리가 그를 해군장관으로 부르게 된다. 그때 오대양 육대주의 전 영국함대에 'Winston is back'이라는 전보가 긴급히 타전되었고 영국해군은 열광한다. 나라의 운명이 위태로워진 순간, '평화꾼' 챔벌린을 대신한 '싸움꾼' 처칠의 등장은 새로운 의미를 부여한다. 처칠로서는 제1차 세계대전에서 해군장관직을 물러난 지 4반세기 만의 귀환이었던 것이다.

정권에서 격리되던 시절 처칠은 글을 쓰고 그림을 그리면서 실의를 달랬고, 수수하면서도 힘이 있었던 그의 글을 바탕으로 처칠은 평생 동안 56권의 책을 썼다.

그중에서도 계몽적인 내용을 담은 6권짜리 '제2차 세계대전'이 큰 반응을 나타내며 베스트셀러가 되었고, 후일 1953년에는 이 책으로 노벨문학상을 받기도 했다. 1940년 5월 10일 전쟁 상황에서 우여곡절 끝에 처칠을 수상으로 하는 거국내각이 출범하게 되었고, 여기서 처칠은 국방장관직도 겸하게 된다.

5월 13일 하원의 연단에 처음 등단한 처칠은 그 유명한 연설을 남겼다.

> "어떤 대가를 치르더라도 우리는 싸울 것입니다. 우리는 어떤 폭력에도 맞서 싸울 것입니다. 사랑하는 우리 국민들에게는 피와 눈물과 땀 외에는 아무것도 줄 것이 없지만 그 길이 아무리 멀고 험하더라도 우리는 싸울 것입니다. 앞으로 우리 앞에는 긴 투쟁과 고통의 세월이 기다리고 있지만 나에게 그 목표를 묻는다면 그것은 바로 승리입니다. 나는 이 사명을 즐겁게, 그리고 확신과 희망을 가지고 기꺼이 떠맡겠습니다."

처칠은 제1차 세계대전 중 현역 하원의원이면서도 육군 소령으로 자원입대해서 프랑스 접경지역에서 죽을 고비를 넘기면서 근무를 한다. 소위 노블레스 오블리주의 전형이다.

처칠에게 시련은 물고기가 만난 물일 뿐 달리 아무것도 아니다. 그는 타고난 승부사이자 투사이며 지도자였다.

독재자인 히틀러나 무솔리니 같은 자들은 자유민주주의 지도자를 곧잘 무시한다. 분열과 혼란을 조장하며 전쟁을 겁내는 졸장부라고 보기 때문이다. 그러나 이들이 자유민주주의 지도자들을 다시 보는 경우는 이들이 결코 만만치 않은 상대일 경우이다

그래서 히틀러는 자기 속을 들여다보고 투지가 넘치는 처칠을 싫어한다. 그가 침략의 행진에 나섰을 때 영국의 지도자가 처칠이었다면 당연히 전쟁을 망설였을 것이다. 죽기 살기의 각오가 필요했으리라.

그와 마찬가지로 공산 소련이 타협한 미국의 지도자는 '반공투사' 닉슨 대통령이었고, 이스라엘인이 화해한 이집트 쪽 상대도 1967년 전쟁에서 그들에게 패배를 안긴 사다트 대통령이었다는 사실이 이를 잘 증명하고 있다.

평화는 값진 것이다. 그래서 반드시 얻어야 한다. 그러나 역사는 그 값진 것을 위해 기꺼이 싸울 의지가 있는 자에게만 평화를 준다는 사실을 우리는 알아야 한다.

투지가 넘치며, 지면서도 적장을 칭찬하고, 어제의 적을 오늘의 동지로 끌어안을 수 있는 큰 그릇 처칠이 시가를 입에 물고 앞장서서 나치에 맞선다.

히틀러는 영국의 제해권을 제공권으로 제압하려 했으나, 처칠은 한

발도 물러서지 않고 싸워 독일을 이긴다. 이어 자원이 풍부한 미국을 끌어들이고, 히틀러가 불가침조약을 헌신짝처럼 내던지고 소련을 침공하자 서슴없이 스탈린과 손잡는다. 그리하여 시간이 문제일 뿐, 승리가 분명해진다. 독일이 손을 드는 마지막 순간까지 처칠은 영국인들이 믿고 따르는 희망이었다. 그가 국민의 마음에 용기와 열정을 불러일으켰기 때문이다.

처칠은 많은 명연설을 남기는데 그 준비가 철저하다. 사실은 의원 초년병 시절, 발언 도중 말문이 막혀 단상에서 내려온 것이 훗날 완벽하게 준비하는 계기가 된다. 짧고 분명한 단어와 문장을 좋아하고, 리듬을 중시한다. 길게 설명하는 대신 의미를 압축해 전달하고, 관료적 말투보다 일상적 표현을 가까이한다. 처칠은 언어의 마술사였고, 연출의 대가이기도 했다.

더욱더 중요한 것은 앞날을 내다보는 선견지명이 남달라 나찌 독일의 위협을 일찌감치 예견했고 이를 잘 대비해 2차 세계대전을 승리로 장식했던 것이다. 국가가 풍전등화의 위기에 처했을 때는 현역의원의 신분임에도 전선에 자원해서 나가 죽을 고비를 수없이 넘기는 노블레스 오블리주의 전형이 바로 처칠이었다.

세계평화를 해치는 독재자이자 전제주의자에게는 어떤 위협에도 정의의 명분으로 물러서지 않는 강인함을 보여 주었으며, 나라가 처한 어려움에도 승리를 향한 굳건한 자신감을 국민들에게 심어 주어, 영국의 위상과 자존심을 지켜준 최고의 군인이자 정치가요, 명연설가였으며, 문인이 바로 처칠이었다.

19세기 산업혁명과 대륙탐험을 통해 개척한 거대한 식민지로 해가 지지 않는 나라였던 영국이 그 영향력을 차츰 미국에 내주고 있을 시기에 영국의 자존심을 지켜준 이가 처칠이었으며, 제2차 대전이후 영국은 노동당 내각의 실정과 공룡화된 노조의 강경투쟁, 그에 따른 복지지출의 증대로 서서히 영국병에 물들어 갔고, 해가 지지 않는 나라에서 서산에 지는 해를 바라보며 한숨짓는 나라가 되고 만다.

그리하여 이 영국병은 1979년 철의 여인 대처가 집권하여 고질병을 고칠 때까지 계속 그 뿌리가 깊어져 갔고, 세계의 패권은 영국에서 미국으로 넘어가게 되었던 것이다.

오늘날 쇠고기수입 파동으로 고등학생들까지 촛불시위에 참가하는 등 온 나라가 끝 간 데 없이 시끄럽고, 이 고장 마산도 얽힌 실타래가 잘 풀리지 않는다. 그래서일까, 위대한 지도자 처칠이 그리워진다.

벌초와 성묘

해마다 추석을 보내면서 여러 생각에 잠긴다. 제사 음식값이며, 교통체증 문제, 오랜만에 만난 친지와 고향 어른들의 예전 같지 않은 건강 등등 돌아볼 일이 많다.

나는 양친이 모두 작고하였고 5남매 중 장남이라 해마다 마산에서 명절제사를 지내고 고향인 합천 선산에 성묘를 다녀오곤 한다. 부산에 사는 동생들이 마산에 와서 제사를 함께 지내고 동행을 하기도 한다.

앞에 거론한 여러 일로 명절을 돌아보곤 하지만 기실 벌초에 대한 마음의 짐도 크다. 이런저런 사유로 해마다 음력 7월 하순에서 8월 초순에 하는 벌초를 조상님들께 면목 없게도 삯을 주고 남의 손을 빌어 한 지가 어느덧 4~5년이 된 것 같다. 항상 마음속에는 죄스러운 생각이 남아 있고, 혹여 남들이 알까봐 벌초 얘기는 꺼내지도 않는다.

그런데 이렇게 이실직고하는 것은, 다시는 이런 잘못을 되풀이하지 않아야겠다는 내 자신의 다짐이면서, 대외적인 공개로 실천을 확보하려는 궁여지책으로 보면 되겠다.

올해도 예년처럼 마산에서 제사를 모시고 선산에 성묘를 다녀왔다. 선산이 있는 고향 동네 뒷산은 수령이 오래된 밤나무 산이고, 숙모님이 연로하셔서 인근에 있는 분께 맡겨서 관리를 해 오고 있는데, 이분께 벌초를 부탁하다고 한다. 물론 남들이 주는 만큼 공비도 드렸단다.

우리 속담에 일이 하기 싫어서 마지못해 하면 일 매듭이 잘 되지 않은 것을 보고 '처삼촌 벌초하듯 한다.' 고 한다. 정말 그 말이 내게서 벌어졌다니. 아연실색할 수밖에 없었다. 물론 날씨가 덥고 벌초를 해야 할 분량이 많아 힘들었겠지만, 정말 이건 아니다 싶었다.

무덤과 상석, 월석, 망두, 제단 사이사이에는 긴 풀들이 그대로 남아 있었다. 심지어 할머니 산소는 아예 예취기로 두 번쯤 휘두르듯이 하다가 그만두었다. 기가 찰 일이었고, 그 사이에 지나가는 누군가가 보지 않았나 싶어 얼굴이 화끈거렸다.

시골 인심도 어쩌면 이렇게 각박해졌는지 모를 일이다. 성묘는 나중에 하기로 하고 바로 예취기를 구하고 낫을 갈아 땡볕에 하루 종일 구석

구석 깨끗이 벌초를 했다. 조상님들께는 죄송하다는 말을 계속 중얼대면서. 용서해 주실지 않을지 모르지만 우리 형제의 낫질은 계속되었고, 끝난 후 차례로 절을 하며 내년부터는 절대로 남에게 맡기지 않겠다고 맹세했다. 그렇게 하고 나니까 기분이 좀 나아졌다.

신체발부身體髮膚는 수지부모受之父母라 했는데 자손들을 고통 속에 낳아 주고 간난을 무릅쓰고 길러 주고 가신 조상님들이 아닌가!

그런데 돌아가신 조상들의 두발이나 마찬가지인 산소의 벌초 하나 제대로 하지 못하는 후손들이 무슨 할 말이 있겠는가? 그렇지만 벌초를 대행한 분께는 아무 얘기도 않고 그냥 다녀왔다. 명절 하루 조상들을 위해 귀중한 땀을 흘렸다고 치부하기로 했다. 처음에는 단단히 얘기를 해야겠다고 생각했는데 나름대로 어려움이 있었을 테고 좋은 명절날 말하는 사람이나 그 말을 듣는 사람이나 양쪽 모두 유쾌할 리 없는 얘기는 아예 꺼내지 않는 게 낫겠다 싶어서였다.

산소를 내려오는 발걸음은 두 동생들이나 나 역시 매우 가벼웠다. 가벼운 흥얼거림이 절로 나왔으니까. 작은 일이라도 내게 부여된 일은 최선을 다해야 그 결과도 좋아질 수 있다고 생각한다. 최선을 다하지 않고 좋은 결과만 바래서야 어찌 하늘인들 도와주고 싶겠는가?

진인사 대천명盡人事 待天命이라 하였다. 조상의 성묘를 다녀오다가 몇 가지 느낀 것도 그나마 다행이다.

제7부 깨달음 혹은 깨우침

만나면
감칠맛이 나고,
부딪히면 향기가 있는 사람들이
많은 사회가 되었으면 정말 좋겠다.

보황삼매론寶皇三昧論

불교의 경전을 많이 읽지도 법문을 많이 듣지도 못했으므로 불법에 대해선 문외한이나 마찬가지이다. 하지만 도력 높은 큰스님을 멀리서나마 뵙는 것만으로도 마음의 화평을 얻는다.

세상에 존재하는 모든 생명은 태어났다는 인연 하나만으로도 인과응보란 신의 뜻 아래 존재한다고 믿어 왔다. 나의 몸은 어디서 왔는가? 크나큰 불보살님의 가호력과 어버이의 중한 인연, 자신이 기나긴 과거에 베푼 공덕을 지은 결과로 이 몸을 얻었다고 한다. 그러므로 우연히 부여받은 것이 아니란 것이다.

성인의 진리를 깨달을 수 있다는 점은 사람이 가진 가장 귀한 특권이다. 탄생이란 신성하고 존엄한 가치이다. 이 존엄성은 어떤 경우에도 빼앗기거나 변질될 수 없는 완전성을 지니고 있다.

8월, 어느 절 법회에 갔다 왔다.

강릉 삼개사에서 온 시룡時龍 스님이 법사 스님으로 법문을 했는데, 건강과 행복을 주제로 설법을 했다. 육체적, 정신적, 영적 건강과 행복을 논하면서 보황삼매론 중 8항과 10항의 두 개 항에 대해 좋은 말씀을 들려주셨다.

종교를 떠나 우리가 세상을 살아감에 있어 좋은 귀감이 되는 문구와 말씀이었다. 한 번쯤 새겨볼 만한 내용이었기에 여기에 옮겨 본다.

보황삼매론

1. 몸에 병 없기를 바라지 말라. 몸에 병이 없으면 탐욕이 생기기 쉽나니, 그로써 성인이 말씀하시되 '병고로서 양약을 삼으라' 하셨느니라.

2. 세상살이에 곤란함이 없기를 바라지 말라. 세상살이에 곤란함이 없으면 업신여기는 마음과 사치한 마음이 생기기 쉽나니, 그래서 성인이 말씀하시되 '근심과 곤란으로 세상을 살아가라' 하셨느니라.

3. 공부하는 데 마음에 장애 없기를 바라지 말라. 마음에 장애가 없으면 배우는 것이 넘치게 되나니, 그래서 성인이 말씀하시되 '장애 속에서 해탈을 얻으라' 하셨느니라.

4. 수행하는 데 마魔 없기를 바라지 말라. 수행하는 데 마가 없으면 서원이 굳건해지지 못하나니, 그래서 성현이 말씀하시되 '모든 마군으로서 수행을 도와주는 벗을 삼으라' 하셨느니라.

5. 일을 꾀하되 쉽게 되기를 바라지 말라. 일이 쉽게 되면 뜻을 경솔한 데 두게 되나니, 그래서 성현이 말씀하시되 '여러 겁을 겪어서 일을 성취하라' 하셨느니라.

6. 친구를 사귀되 내가 이롭기를 바라지 말라. 내가 이롭고자 하면 의리를 상실하게 되나니, 그래서 성현이 말씀하시되 '순결로써 사귐을 길게 하라' 하셨느니라.

7. 남이 내 뜻대로 순종해주기를 바라지 말라. 남이 내 뜻대로 순종해 주면 마음이 스스로 교만해 지나니, 그래서 성현이 말씀하시되 '내 뜻에 맞지 않는 사람들로 원림園林을 삼으라' 하셨느니라.

8. 공덕을 베풀려면 과보를 바라지 말라. 과보를 바라면 도모하는 뜻을 갖게 되나니, 그래서 성현이 말씀하시되 '덕 베푸는 것을 헌신처럼 버리라' 하셨느니라.

9. 이익을 분에 넘치게 바라지 말라. 이익이 분에 넘치면 어리석은 마음이 생기나니, 그래서 성인이 말씀하시되 '적은 이익으로 부자가 되라' 하셨느니라.

10. 억울함을 당해서 밝히려고 하지 말라. 억울함을 밝히면 원망하는 마음을 돕게 되나니, 그래서 성인이 말씀하시되 '억울함을 당하는 것을 수행하는 문을 삼으라.' 하셨느니라.

이와 같이 막히는 데서 도리어 통하는 것이요, 통함을 구하는 것이 도리어 막히는 것이니, 이래서 부처님께서는 저 장애 가운데서 보리도를 얻으셨느니라. 요즘 세상에 도를 배우는 사람들이 만일 역경에 견디어 보지 못하면, 장애에 부딪칠 때 능히 이겨내지 못해서 법왕의 큰 보배를 잃어버리게 되나니, 이 어찌 슬프지 아니하랴!

남을 위해 베풀거나 기부하는 사람이 대가를 바란다고 하면 뭔가 바라는 숨은 뜻이 있는 것이다. 더 큰 부귀를 바라거나 정치에 뜻이 있거나 여러 가지 노림수가 있다는 것이고, 이것은 참다운 선행과 기부가 될 수 없다. 오직 베풀고 주는 데에만 그 목적이 있을 때, 그것이 숭고한 것이고 다른 사람의 귀감이 되는 것이라 설법하였다.

억울함을 당했다고 상대하는 순간 그 업보는 나눠 갖게 된다는 말씀도 하셨다. 그리고 자신에게는 이기고 상대에겐 지는 연습을 꾸준히 하라는 말씀도 해주셨다. 그것이 진정 이기는 길이라는 것이다. 우리가 부부간에, 친구 간에, 남과 다툴 때 똑같은 원칙이 적용된다.

나는 잘못이 없는데, 상대가 항상 잘못되었다고 판단하고 주장한다는 것이다. 그래서 처음에는 말로써 대꾸하다가 나중에는 주먹질이 오가고 부부간에는 이혼, 남과는 형사문제까지 생기는 것이다.

내 주장과 행동이 옳은데 상대가 우기니까 복장이 터지기도 한다. 이때에도 상대하지 말고 져주라는 것이다. 그러면 종국에는 상대도 당신의 의도와 마음을 알게 된다는 그런 취지였다.

정말 경청할 만한 좋은 말씀이었다. 우리가 세상을 살아가면서 무수히 느끼고 겪는 평범한 일이지만 좋은 깨달음을 주는 말씀이다. 모처럼 법당을 찾은 휴일 오후 돌아오는 발걸음이 무척 가벼웠다.

나도 좀 더 참고 인내하고 져 주어야지, 다짐을 하면서 절을 걸어 나왔다.

삶의 나침반 위에서 생각나는 시 3편

여기저기 기웃대며 더러 책을 읽기도 하므로 시들도 간혹 만나곤 한다. 인터넷을 뒤적이다가 시를 읽기도 하는데, 읽을 땐 그런가 보다 하다가도 시간이 지나면 금방 잊어버리고 만다.

그것이 어디 밤을 새워 쓴 시인의 시 탓이겠는가. 평소 많은 시를 접하지 못한 문외한의 시 읽기 수준이 그뿐이기도 하고, 너무 많은 것들을 만나고 망각하는 현대인의 습성 때문이기도 하겠다. 또한 예전 교과서에 실린 청마 유치환의 〈깃발〉이나 만해 한용운의 〈님의 침묵〉 같은 익

숙한 시들이 아닌 것도 한 이유이기도 하겠다.

언젠가 경남문학관에서 명사시낭송회에 초대된 적이 있다. 그때 낭송 작품을 고르면서 고민했다. 평소 애송하는 시 함석헌의 〈그 사람을 가졌는가〉를 선택할까, 아니면 이형기의 〈낙화〉를 할까 하고 망설였다. 함석헌의 시는 대중성은 좋지만 약간의 선동성을 가졌고, 이형기의 시는 너무 많이 알려진 시이므로 문인들 앞에서 낭송하기엔 좀 저어되는 것이다. 두 편의 시를 주머니에 넣고 문학관에 도착할 때까지 선택을 하기로 하였다. 이윽고 내 차례가 와서 결국 함석헌의 '그 사람을 가졌는가'를 읽기로 결정했다.

이와는 다르게 삶의 나침반 위에서 간혹 생각나는 시들이 있다.

나는 그늘이 없는 사람을 사랑하지 않는다
나는 그늘을 사랑하지 않는 사람을 사랑하지 않는다
나는 한 그루 나무의 그늘이 된 사람을 사랑한다
햇빛도 그늘이 있어야 맑고 눈이 부시다
나무 그늘에 앉아
나뭇잎 사이로 반짝이는 햇살을 바라보면
세상은 그 얼마나 아름다운가

나는 눈물이 없는 사람을 사랑하지 않는다
나는 눈물을 사랑하지 않는 사람을 사랑하지 않는다

나는 한 방울 눈물이 된 사람을 사랑한다
기쁨도 눈물이 없으면 기쁨이 아니다
사랑도 눈물 없는 사랑이 어디 있는가
나무 그늘에 앉아
다른 사람의 눈물을 닦아주는 사람의 모습은
그 얼마나 고요한 아름다움인가

―정호승 〈내가 사랑하는 사람〉

그늘이 있는 사람이란 어떤 사람일까? 짙은 페이소스를 간직한 사람쯤으로 이해하면 어떨까? 때론 상처받고 몰래 눈물도 훌쩍이는 사람의 모습이 더욱 사람답다. 시련에 굴하지 않고 당당하고 꿋꿋하게 삶을 개척하지만, 남의 상처에는 함께 울고, 감내해야 할 고통에 가슴을 적실 줄 아는 사람이라면 더 좋지 않을까.

정호승 시인은 그런 사람의 따뜻함에 포커스를 맞춘다. 이 시에 공감하는 것을 보면 나 역시 그런 이를 좋아하는가 보다.

겨울이다. 추위가 더욱 옷깃을 여미게 한다. 몸이 추운데다 마음까지 착잡하니 체감온도는 더욱 내려간다. 그렇지만, 차가운 얼음장 밑에서도 고기는 뛰놀고 얼어붙은 논에서도 보리는 뿌리를 뻗어가고 있다. 잎을 다 털어버린 나무도 조용히 새봄을 맞을 준비를 하고 있듯이 자연은 그 섭리대로 어김없이 오고감을 되풀이하고 있다.

엄마는 그래도 되는 줄 알았습니다
하루 종일 밭에서 죽어라 힘들게 일해도

엄마는 그래도 되는 줄 알았습니다
찬밥 한 덩이로 대충 부뚜막에 앉아 점심을 때워도

엄마는 그래도 되는 줄 알았습니다
한겨울 냇물에서 맨손으로 빨래를 방망이질해도

엄마는 그래도 되는 줄 알았습니다
배부르다, 생각없다, 식구들 다 먹이고 굶어도

엄마는 그래도 되는 줄 알았습니다
발뒤꿈치 다 해져 이불이 소리를 내도

엄마는 그래도 되는 줄 알았습니다
손톱이 깎을 수조차 없이 닳고 문드러져도

엄마는 그래도 되는 줄 알았습니다
아버지가 화내고 자식들이 속 썩여도 끄덕없는

엄마는 그래도 되는 줄 알았습니다

외할머니 보고 싶다!
외할머니 보고 싶다!
그것이 그냥 넋두리인 줄만

한밤중에 자다 깨어 방구석에서 한없이 소리 죽여 울던
엄마를 본 후론
아!……
엄마는 그러면 안 되는 것이었습니다

—심순덕 〈엄마는 그래도 되는 줄 알았습니다〉

이 시도 인터넷을 검색하다 만났다. 뭉클했다. 누군가의 블로그에 올려진 시였는데, 우리 모두의 어머니를 생각하게 한다. 보릿고개를 넘으며 하루 종일 밭에서 새까맣게 탄 얼굴로 죽어라 일하고, 부뚜막에 선 채로 찬밥 한 덩이로 끼니를 때우던 어머니. 그것도 쌀밥은 자식들 주고 당신은 남은 밥 한 덩이를 빨아 놓은 김치에 쌈을 해 드시던 어머니. 우리 세대의 사람들은 이런 어머니가 계셨다.

어머님이 돌아가신 지 벌써 20년이 되었다. 환갑을 맞는 60살이 되던 해에 폐암으로 길지 않은 생을 마감하셨다. 젊은 시절 우리를 배태했을 때 워낙 입덧이 심해 시골노인들이 담배를 권해 피우기 시작했던 게 버릇이 되었고, 그것이 명을 단축한 큰 원인이 되었던 것 같다.

우리가 어렸던 시절 어머니는 그 독한 봉초와 권련이라고는 필터도 없는 새마을 담배를 주로 피우셨다. 아무래도 필터담배는 비싸서 경제적으로 부담이 되었기 때문에 누군가 선물을 준 경우가 아니면 우리 집에서는 보기 힘들었다.

그 시절 여느 가정도 마찬가지였겠지만 정말이지 가난이 지긋지긋할 정도로 우리 가족을 옥죄곤 했다. 한여름 긴 밭고랑의 김을 매면서 굵은 땀방울을 흘린 후에나 긴 겨울밤 늦게까지 베틀에 앉았다가 잠시 쉴 때면 어머니는 어김없이 봉초를 신문지에 말아 불을 붙이고는 연기를 길게 빨아들였다가 훅 내쉬곤 하셨다.

그 당시 어린 나는 우리가 왜 이렇게 가난한지, 왜 남들보다 못사는 건지 부모가 원망스러웠고 남들 보기 부끄러워했었다. 어머니의 고생은 그래서 당연한 것쯤으로 치부했고, 손발이 부르튼 건 예사로 생각했다

철이 들어 대학을 졸업하고도 공무원시험에 매달려 있던 나는 그때서야 내 어머니가 처한 환경과 가난할 수밖에 없었던 필연성에 대해 이해를 하기 시작했다. 일 년 내내 키운 소를 장에 내다 팔고, 한겨울 동안 허리 휘어가며 짠 삼베랑 돈이 될 만한 건 자식의 학비와 책값 마련을 위해서 모조리 내다 팔았다. 가난과 한여름의 땡볕에 어머니의 얼굴은 까맣게 찌들었어도 학비를 마련하고 나면 돈가뭄의 위기를 넘겼다는 안도감으로 긴 숨을 내쉬곤 하셨다.

그 돈으로도 모자라면 새벽같이 동네방네 다니면서 돈을 빌려 와서는 버스 타러 떠나는 자식의 옆 주머니에 조용히 찔러 넣어 주시던 분이

바로 내 어머니였다. 고개를 넘어갈 때까지 굽어진 허리에 뒷짐을 지고 멍하니 바라보는 어머니의 눈가에는 한없는 이슬이 맺혔을 것이고….

그 후 따뜻한 밥 한 그릇 드릴 만할 때 이 세상을 하직하셨다. 60평생을 두고 하루도 편하게 다리 뻗고 자지도 못하고, 좋은 옷에 좋은 음식 한번 먹어보지 못해도 어머니는 늘 자식 걱정이었다.

학창시절에는 가난하고 힘들어도 내 어머니는 항상 보물창고였다. 먹을 것이 별로 없던 시절, 친구들과 밤늦게 놀다 와서 먹을 것을 찾으면 언제 적 음식인지 문어 말린 것, 곶감, 찰떡 등을 꼭꼭 숨겨 두었다가 우리에게 내주시곤 했던 분이었다. 그래서 나는 배가 고프고 뭔가 먹고 싶으면 으레 어머니를 찾고, 어머니는 반드시 갖다 주시던 내 마음의 보물 상자이셨다.

당신은 먹지도 않으시면서 자식을 위해 누가 가져갈세라 단단히 숨겨 두시던 그 어머니가 오늘은 사무치게도 그립다. 어머님! 부디 저 세상에서는 마음 편한 좋은 안식처에서 영면하십시오.

고래는 없다
파도를 물어뜯는 상어도 없다

그래도
고래고래 소리치는
술고래는 있다

풀린 동태 눈깔에 비치는

어시장 난전

—이달균 〈마산항〉

이 시는 오늘의 마산을 잘 보여준다. 이 고장엔 고래가 없다. 하지만 예전 어시장 경매장엔 허연 이빨을 드러낸 상어가 널브러져 있는 것을 본 적이 있다. 더러 그런 광경을 보곤 했는데, 시간이 나면 그 재미에 어시장을 나가곤 했다.

넉넉지 않은 급료였지만 어시장에 오면 뜨신 김이 나는 어묵이랑 대합을 사먹으며 허기를 달래곤 했다. 고성으로 진해로 가는 배들이 어시장에서 출발하는 모습을 보기도 하였다.

하지만 그 활기 넘치던 어시장이 지금은 오후 늦은 시간이면 썰렁해진다. 철제문을 내린 곳도 많다. 마산까지 어물을 실은 배들이 들어오지 않는다.

홧김에 낮술 한 잔 걸친 사내가 고래고래 고함을 친다. 이런 술고래라도 없으면 얼마나 허전하랴. 얼마나 다행인가 술 취한 갈 지之자의 사내여 고마우이.

고래—그래도—고래고래—술고래로 이어지는 말도 재미있다.

전국 7대 도시에 빛나던 마산, 그 비린내와 왁자지껄한 웃음소리, 그 분주했던 어시장의 영화를 떠올려 본다. 다시 예전의 모습을 찾기를 바래본다.

돋보기를 들이대면 삶의 지혜가 보이는 시 4편

담쟁이

도종환

저것은 벽
어쩔 수 없는 벽이라고 우리가 느낄 때
그때
담쟁이는 말없이 그 벽을 오른다

물 한 방울 없고 씨앗 한 톨 살아남을 수 없는
저것은 절망의 벽이라고 말할 때

담쟁이는 서두르지 않고 앞으로 나아간다

한 뼘이라도 꼭 여럿이 함께 손을 잡고 올라간다
푸르게 절망을 다 덮을 때까지
바로 그 절망을 잡고 놓지 않는다

저것은 넘을 수 없는 벽이라고 고개를 떨구고 있을 때
담쟁이 잎 하나는 담쟁이 잎 수천 개를 이끌고
결국 그 벽을 넘는다

담쟁이는 벽이 없으면 무용지물이다. 평지를 뻗어가는 풀잎이라면 굳이 담쟁이일 필요는 없다. 우리가 부딪힌 곳, 무엇도 살 수 없는 직각의 땅일지라도 그는 묵묵히 나아간다. 지켜보면 혼자가 아니다. 서로 손을 잡고 푸른 희망으로 절망을 덮어버린다.

담쟁이 같은 사람이 많은 세상을 그려본다. 내가 스스로 담쟁이가 되어야 한다. 쉬운 일이 아니다. 생각해보면 사람이 한갓 풀잎보다 못할 때도 있다. 서로를 격려하며 하늘을 향해 벽을 타고 오르는 의지를 배워야 한다.

귀 천

천상병

나 하늘로 돌아가리라
새벽빛 와 닿으면 스러지는
이슬 더불어 손에 손을 잡고

나 하늘로 돌아가리라
노을빛 함께 단둘이서
기슭에서 놀다가 구름 손짓하는

나 하늘로 돌아가리라
아름다운 이 세상 소풍 끝내는 날
가서, 아름다웠더라고 말하리

우리 마산의 시인 천상병. 현대를 살려면 좀 약아져야 한다. 하지만 그는 그러지 못했다. 그런 순수함, 아니 속수무책의 천진함으로 살다간 시인이었다. 혹자는 말했다. 그가 막걸리 몇 잔에 행복해지는 사람이 아니더냐고. 하지만 그가 남긴 시들을 보라. 어찌 막걸리 몇 잔으로 비견할 시심인지.

수많은 우여곡절, 한 많은 한 생애를 소풍이라 했으니 가히 도가의 그릇이 아닌가. 허무도 눈물도 모두 모두 아름다운 동행, 서녘 하늘 물들이는 노을빛과 기슭에서 손짓하는 구름과 함께 훌훌 털고 하늘로 가는 시인의 뒷모습. 진정 그리운 이의 그림자가 아닌가.

가난한 사랑 노래

신경림

가난하다고 해서 외로움을 모르겠는가
너와 헤어져 돌아오는
눈 쌓인 골목길에 새파랗게 달빛이 쏟아지는데
가난하다고 해서 두려움이 없겠는가
두 점을 치는 소리
방범대원의 호각 소리 메밀묵 사려 소리에
눈을 뜨면 멀리 육중한 기계 굴러가는 소리

가난하다고 해서 그리움을 버렸겠는가
어머님 보고 싶소 수없이 뇌어 보지만
집 뒤 감나무에 까치밥으로 하나 남았을
새빨간 감 바람 소리도 그려보지만
내 볼에 와 닿던 네 입술의 뜨거움
사랑한다고 사랑한다고 속삭이던 네 숨결

돌아서는 내 등뒤에 터지던 네 울음
가난하다고 해서 왜 모르겠는가
가난하기 때문에 이것들을
이 모든 것을 버려야 한다는 것을

이 시를 읽을 때마다 절창이란 생각이 든다. "가난하다고 해서 외로움을 모르겠는가" 아니, 못생겼다 해서 사랑을 모르겠는가. 아니, 힘이 없다고 해서 태산을 움직이지 못하겠는가. 나는 이 시의 첫 구절을 놓고 이렇게 저렇게 변주해본다.

수없이 상처받고 버려졌지만 그리움은 있다. 사랑은 있다. 투박한 손이지만, 무식한 인생이지만 어찌 달빛 쏟아지는 밤길이 두렵지 않고, 길을 밝혀주는 달빛의 아름다움을 모르겠는가. 낯익은 누군가가 떠올려지는 시는 가슴을 서늘하게 한다.

낙화

이형기

가야 할 때가 언제인가를
분명히 알고 가는 이의
뒷모습은 얼마나 아름다운가

봄 한철
격정을 인내한
나의 사랑도 지고 있다

분분한 낙화
결별이 이룩하는 축복에 싸여
지금은 가야 할 때,
무성한 녹음과 그리고
머지않아 열매 맺는
가을을 향하여
나의 청춘은 꽃답게 죽는다

헤어지자
섬세한 손길을 흔들며
하롱하롱 꽃잎이 지는 어느 날
나의 사랑, 나의 결별
샘터에 물 고이듯 성숙하는
내 영혼의 슬픈 눈

이형기 시인의 〈낙화〉는 우리 시대의 잠언이다. 깨달음을 주어서 좋고 어렵지 않아서 더 좋다. 시가 가져야 할 모든 것을 갖고 있으면서도 군더더기가 없는 고졸함은 시인의 성격을 보여준다. 계절은 언제나 가야 할 때 가고 와야 할 때 온다. 하지만 우리네 삶이야 어디 그렇던가. 욕심 때문이기도 하고 어리석기 때문이기도 하다. 나 역시 못 미치고 미덥지 못한 존재다. 애써 가진 작은 터럭을 바람에 날려 보내지 못한다.

시인은 꽃잎의 낙화를 사랑과의 결별이라 했다. 사랑했던 것은 모두 진다. 열매를 위해 기꺼이 꽃잎을 지게 하고 겨울을 위해 잎들을 날려 보낸다. 가야 할 때는 가야 한다. 반대로 피어야 할 때는 피어야 한다. 아직 날씨가 매서워도 매화는 피어야 한다. 지기 위해 피어야 하고, 피기 위해 져야 한다.

나의 애송시

그 사람을 가졌는가

함석헌

만 리 길 나서는 날
처자를 내맡기며
맘 놓고 갈 만한 사람
그 사람을 그대는 가졌는가.

온 세상 다 나를 버려

마음이 외로울 때에도
'너 뿐이야' 하고 믿어지는
그 사람을 그대는 가졌는가.

탔던 배 꺼지는 시간
구명대 서로 사양하며
'너만은 제발 살아다오' 할
그 사람을 그대는 가졌는가.

불의의 사형장에서
'다 죽어도 너희 세상 빛을 위해
저만은 살려 두거라' 일러줄
그 사람을 그대는 가졌는가.

잊지 못할 이 세상을 놓고 떠나려 할 때
'저 하나 있으니' 하며
빙긋이 웃고 눈을 감을
그 사람을 그대는 가졌는가.

온 세상의 찬성보다도
'아니오' 하고 가만히 머리 흔들 그 한 얼굴 생각에

유혹을 물리치게 되는
그 사람을 그대는 가졌는가

삶을 살면서 진정 이런 사람을 가질 수 있을까?
나는 오늘도 희망을 갖고 산다

나는 함석헌 선생의 시를 즐겨 애송한다. 준엄한 물음을 던지는 시다. 인생의 길에서 문득 절벽에 마주쳤을 때 오직 한 사람 다리가 되어 줄 사람이 있는가 하는 의문은 누구에게나 있으리라.

첫 연은 처자를 맡기고 떠날 때 믿을 만한 사람이 있는가 하고 묻는다. 그대가 독립운동을 위해 북녘의 풍찬노숙을 떠난다고 생각해보자. 혹은 불의를 못 이겨 혁명전사가 되어 집을 나선다고 생각해보자. 이때 가족을 맡기고 길을 떠나면서 부탁한다고 손잡을 이가 과연 그대에겐 있는가 하고 묻는다.

셋째 연은 난파선에서 죽음과 직면하였을 때 그대의 목숨을 위해 초개같이 제 목숨을 내놓을 사람이 있느냐고 묻는다. 세상의 빛이 될 인물이므로 너만은 살아야 한다고 유언할 수 있는 인물을 친구로 둔 적이 있던가.

이 물음에 누가 자신 있게 "난 있다."라고 말할까. 만약 그런 이가 있다면 그를 나의 스승으로 모시고 싶다.

함석헌 선생은 한국의 대표적인 종교인이며 사상가였고 민주투사이셨다. 자유당 시절의 대표적 필화사건이었던 〈생각하는 백성이라야 산다〉(1958년)를 비롯하여, 1961년 7월 《사상계》에 〈5 · 16을 어떻게 볼까〉라는 5 · 16군사정변에 대한 첫 비판을 발표해 또다시 필화를 입기도 한 분이다. 1970년 월간지 《씨알의 소리》를 창간하여 10여 년간 발행인, 편집인, 주간으로 있었으며 수많은 글과 강연 등을 통해 민중계몽운동을 펼친 선각자였다.

이런 선생이었기에 시를 통해 준엄한 물음을 던지지 않았을까.

행복한 죽음이란 어떤 것일까?

요즘 죽음에 관한 얘기가 언론에 자주 오르내린다. 탤런트 안재환, 최진실, 국무조정실 차장 김영철 씨 등 자살사건을 계기로 소위 최진실법 제정, 베르테르 효과 같은 생소한 용어들도 많이 접하게 된다.

얼마 전 중앙일보 정진홍 논설위원의 "실컷 울되 죽지는 말아라."는 칼럼이 가슴에 절절이 와 닿기도 했다. 정말이지 웃고 싶을 때는 장소를 불문하고 어디서든 웃을 수가 있지만 속 시원히 마음껏 울 만한 장소는 찾기가 쉽지 않다.

이 세상을 살아가는데 마음껏 울고 싶을 때가 어느 누군들 없을까?

그런데 정작 집안에서 울려고 하면 아내가, 자식이 보고 있어 울지 못할 때가 있다. 그래서 때론 TV연속극을 보다가 자신과 극 속의 내용이 너무 공감이 되어 눈물을 삼키거나 흘릴 때가 간혹 있다. 아내에게는 십중팔구 핀잔을 듣지만 그래도 우는 내가 편안하고 울고 나면 시원하고 기분이 좋아진다.

정진홍 씨는 칼럼에서 주위의 따가운 시선, 자신이 살아온 삶에 대한 평가의 매정함 등이 복합적으로 작용해 순간적으로 이 세상을 등지게 된다고 한다. 이때 실컷 울 수 있는 장소가 있었으면 생각을 바꾸고 화장실 문을 열고 나오지 않았겠느냐는 요지였다.

공감하는 내용이었고, 그래서 삶과 죽음에 대한 생각을 더러 하게 된다.

세상 사는 것이 뭐 별거 있겠는가? 가족끼리 오순도순 화목하게 지내고 늙으신 부모 살아생전에 자주 찾아뵙고, 갈 길이 가까워지면 자식들 폐 끼치지 않도록 건강하게 살다가 가면 그것이 바로 행복 아닐까 생각했다. 하지만 그런 소박하고 평범한 바람이 쉽진 않음을 우린 너무 잘 안다. 어쩌면 보통으로 사는 일만큼 어려운 일은 없어 보이는 요즘이기도 하다.

기초질서와 경로효친을 다시 생각한다

며칠 전 어처구니없는 광경을 목격하고는 마음에 큰 충격을 받았다. 내가 탄 차가 마산의 육호 광장에서 서원곡 방향으로 가는데, 앞선 택시 앞으로 원불교 회관 쪽에서 갑자기 스쿠터가 중앙선을 넘어 불쑥 나타나는 것이었다. 사고는 나지 않았지만, 깜짝 놀란 택시 운전자가 차를 세우고 무슨 소리를 한 모양이다. 그러니까 20대 후반이나 30대 초반으로 보이는 스쿠터 운전자가 택시에 다가가 운전자에게 주먹질을 하는 것이었다. 다급한 운전자가 내려 대응을 하는 것을 보니 족히 50대 중반은 되어 보였다. 뒤로 차는 밀리고 내릴 위치도 아니어서 지나왔지만,

기분이 영 엉망이었다.

우선, 곧바로 달리는 택시 앞으로 스쿠터가 경계봉까지 박혀 있는 지점에서 중앙선을 넘어왔으니 명백한 스쿠터 운전자의 잘못이었다. 그런데도 택시 운전자가 기분 나쁜 소리를 한다고 주먹질을 해대는 그 사내의 사고와 행동이 도무지 이해가 되지 않았다. 게다가 상대가 아버지뻘 되는 사람인 것을 보고는 할 말을 잃어버렸다. 덧붙여 경악할 일은 스쿠터 운전자는 자기 앞자리에 5~6살 되는 어린애를 세워서 태우고 가는 중이었고, 계속되는 주먹질 싸움을 그 어린애가 넋 나간 듯이 바라보고 있었다는 사실이다.

지나오면서 너무 심한 충격과 마음의 혼란을 겪었고 우리 사회가 왜 이 지경이 되었나 하는 소리를 내내 입 안에서 중얼거렸다. 소득이 높다고 결코 선진국이 될 수 없다. 소득 외에 법질서 의식이 투철하고 상대방을 배려하며, 사회의 어둡고 소외된 계층을 위해 기부하고 봉사하는 삶을 사는 사람이 많은 사회, 가족 중심의 도덕률이 확립된 사회가 진정한 선진국이다.

미국을 선진국이라 부르는 이유는 빌 게이츠와 워런 버핏 같은 세계 최고의 갑부가 대부분의 재산을 사회에 환원하고, 종교에 기반을 둔 가족 중심의 건전한 사회생활이 확립되어 있기 때문이다.

그리고 데모대가 폴리스라인을 절대 넘을 수 없고, 경찰의 검문에 불응할 수가 없는 법치주의가 갖춰져 있는 사회이기 때문일 것이다.

우리의 경우, 어느 것 하나 내세울 것이 없다. 교통, 주차, 공연장질서는 말할 것도 없고, 목욕탕이나 관광지에서의 에티켓도 수준 이하이다. 행정이나 경찰은 여기에 방조했지, 질서 확립 의지는 별로 보이지 않는다. 단속을 통한 물리적 충돌이 이로울 게 없다는 생각 때문일 것이다.

집안의 자식도 무서운 사람이 있어야 모든 언행을 조심하는 법이다. 우리가 어릴 때는 지서(지금의 파출소 · 지구대) 앞을 지나가기가 왠지 싫고 꺼림칙했다. 굳이 죄를 지었다기보다 경찰이 무서웠기 때문이다. 경찰을 무서워하면 자신의 행동을 조심하게 된다. 요즘은 술에 취해 경찰관서에서 난동을 부렸다는 기사가 심심찮게 나온다.

요즘은 교육도 그렇고 그런 모양이다. 효도를 얘기하면 시시콜콜한 곰팡이 냄새나는 것으로 치부한다. 나도 대학에서 강의했었다. 요즘 학생들은 수업태도는 말할 것도 없고, 자신의 입장과 처지에 대해 담당교수에게 한마디 말이 없다가 학기말 성적표를 인터넷에 올리면 그때서야 군말이 많다.

우리 사회의 총체적 모순과 부실 덩어리를 보는 것 같아 입맛이 씁쓸하다. 사실, 나 자신부터 남의 얘길 할 필요는 없다. 내 자식, 내 형제부터 더 다잡고 충고하고 근신하는 게 급선무이기 때문이다.

만나면 감칠맛이 나고, 부딪히면 향기가 있는 사람들이 많은 사회가 되었으면 정말 좋겠다.

| 내가 아는 전수식 |

◉ 김조일 전《경남신문》사장

전수식 부시장과의 인연은 그리 오래되지 않는다. 항상 겸손하고 웃어른에게는 공손하며 젊은이들에게는 다정다감한 그런 사람으로 내게 각인되어 있다. 평소에는 조용한 분이지만 우리가 사는 마산의 현안문제에 대해서는 누구보다 박식하고, 명쾌한 처방전을 제시하면서 열변을 토로하는 사람이다. 이를 지켜보면서 그의 일에 대한 열정, 깨어 있는 마인드를 잘 읽을 수 있다. 이 책을 읽어보면 누구나 그것을 느낄 수 있을 것이다.

◉ 변민욱 전 마산부시장

꽤 오랫동안 만남을 지속해오면서 내가 느낀 점은 그가 아주 진솔한 사람이라는 것이다. 그리고 어떤 상황에서도 별로 변함이 없다. 그는 시세의 유불리에 따라 처세가 바뀌는 그런 사람이 아니다. 요즘 세상에서는 보기 드물게 미련할 정도로 우직하게 한 길을 가는 사람이다. 그는 우선은 손해를 보겠지만 긴 레이스에서는 그 방법이 최선이라 믿고 행동한다. 소위 처음과 끝이 똑같은 사람이다.

◉ 김선수 전 경남대 법학과 교수

전수식 부시장과는 사제지간으로 만났고, 지금도 가끔 연락하면서 지낸다. 정년이 보장된 공직생활을 과감히 접고 새로운 도전에 나선 그에게 세상은 그렇게 호락호락 응대를 하지 않는다. 절치부심하면서도 항상 밝은 모습으로 마산 전역을 누비는 그에게서 패배감이나 그늘을 찾아볼 수 없다. 오히려 그의 당당하고 활력 있는 모습에서 희망의 메시지를 읽는다. 항상 책을 좋아해서 내가 가끔 찾아가 책을 선물하면 그렇게 좋아할 수가 없다. 항상 새로운 지식을 습득하고 연구하는 자세에서 비롯된 것임을 나는 안다. 그리고 웃어른을 존경하고 받드는 데서 그가 반듯한 집안에서 제대로 된 인성을 길렀음을 알 수 있다.

◉ 서익수 전 마산 무학여고 교장

전수식 부시장은 한결같은 사람이다. 조용하면서 항상 상대방의 얘기를 귀담아들어 준다. 즉, 말하기보다 듣기를 즐겨하는 배려하는 마음이 바탕에 깔려 있다. 빈틈이 없는 듯해도 비어 있는 데가 많은 사람이어서 누구나 파고들기가 쉽다. 몇 번 만나면 그 친화력에 쉽게 동화되어 버린다. 정이 없는 듯해도 알고 보면 정말 정이 많은 사람이다. 그래서 그의 주위에는 항상 사람이 많다. 그가 제시하는 마산에 대한 비전은 가히 타의 추종을 불허한다. 정확한 분석으로 근거를 제시하면서 대안을 명쾌하게 내놓는다. 그가 내놓는 정책에서 마산의 미래를 본다.

◉ 이개호 전남 행정부지사

전수식 부시장과는 행정고시 동기이고, 국세청을 거쳐 지금의 행정안전부로 부처를 옮긴 전력도 나와 똑같다. 그래서 나와는 많은 인연을 맺은 사람이다. 내가 아는 전 부시장은 경남도에서 전국 최초로 투자유치과를 설치하고, 도가 직접 경남무역을 설립하는데 산파역을 했으며, 당시만 해도 전혀 낯선 해외시장개척단을 만들어 활동하는 등 선구적인 역할을 한 것으로 알고 있다. 이 시책들은 처음에는 다소 엉뚱하게 여겨지기도 했지만, 지금은 전국 어느 자치단체에서도 전혀 낯선 시책이 아니다. 그리고 나중에 전국으로 확산되는 파급효과를 낳았다. 이 사실 하나만 봐도 그는 앞서가는 사람이다.

◉ 김형균 전 진해부시장

내가 아는 전수식 부시장은 원칙주의자이면서 추진력 있는 정통 행정가다. 기획통인데다 창의적인 사고로 무장된 사람이고, 일을 추진할 때 옳다고 생각되면 절대 좌고우면하거나 물러서는 법이 없다. 일은 냉철하면서도 과감하게 추진하되 조직의 상하를 두루 아우르는 친화력 있는 사람이다. 그래서 그의 주변엔 항상 사람이 많고, 관계를 오래 지속하는 경우가 다반사다. 행정을 하는 사람중에서는 드물게 경제에 관한 전문적인 식견과 함께 기업의 최일선 근무 경험도 있어 현장감각을 갖고 있다.

경남도청 세정과에서 함께 근무할 때로 기억한다. 당시 60여 년간 독점적 지위를 누려왔던 도금고의 관리권을 지방화시대에는 지방은행으로 넘겨야 한다는 판단에서 제일은행에서 농협과 경남은행으로 이전시켰다. 이 과정에서 기존 은행의 엄청난 저항이 있었지만 전 부시장은 뚝심으로 밀어붙였고, 이 시책은 전국으로 파급되어 지금은 전국의 시도가 대부분 지방은행에 금고 업무를 맡기고 있다. 이 시책 역시 그의 앞서가는 마인드에서 나온 자연스런 결과였다고 나는 생각한다.

◉ 한성대 경남대 산업대학원장

전수식 부시장에 대해서는 거창의 종갓집 김치공장 유치사례를 언급하면 그의 일에 대한 열정과 기업프렌들리 정책을 알 수 있다.

2000년대 초 당시 두산그룹의 종갓집김치 원주공장장이 경남도 투자유치과에 전화를 걸어 경남 함양, 거창이나 전북 남원, 무주, 진안에 일본 수출용 김치공장 건립 의사가 있음을 알려왔다. 전 부시장은 다음 날 바로 국내투자 유치팀장을 원주에 보내 경남도에 투자할 경우 모든 지원을 아끼지 않겠다는 약속을 했고, 전화 한 통화에 7시간을 달려온 행정의 발빠른 대응에 감동한 두산그룹이 경남 거창에 투자를 하기로 결정을 한다. 이후 그 지역을 농공단지로 지정하고 보상, 부지조성, 공장건립을 1년 만에 완료하였다. 공장 준공식에 참석한 당시 두산그룹 박용오 회장이 축사에서 수십 년간 기업을 하면서 경남도와 거창군 공무원같은 사람들은 처음 보았으며, 이런 공무원들이 있으면 대한민국에서 기업을 못할 이유가 없다고 극찬하였다고 한다.

오늘날 공직자가 어떻게 일을 하고 처신해야 하는지를 이 사례는 말해준다.

◉ 송병주 경남대 경찰행정학부 교수

전수식 부시장은 군더더기가 없는 솔직담백한 사람이다. 행정에 대한 전문 지식으로 무장되어 있고, 지역의 현안에 대해 그가 제시하는 처방전은 한마디로 명쾌하다. 일을 추진함에 있어 경중과 완급을 제대로 가릴 수 있는 사람이다. 당장의 위기를 모면하기 위해 눈치를 보는 사람도 아니며 눈앞의 이익을 좇는 사람은 더더욱 아니다. 어찌 보면 미련할 정도로 손해를 감내하고 우직하게 밀어붙이는 스타일이다. 이런 점에서 그의 일에 대한 자부심과 진정성을 읽을 수 있다.

◉ 김희수 진해상공회의소 회장

나는 지금 문제가 되고 있는 수정만 STX조선단지를 맨 처음 추진했던 사람이다. 이 문제로 당시 마산 부시장이던 전수식 씨와 인연을 맺었다. 그때 매립사업을 하고 있던 두산산업개발과의 여러 가지 어려웠던 협상과정을 지켜보면서 진정한 공직자상을 발견했다. 지역발전을 위한 한없는 애정, 기업을 돕기 위한 열정, 그리고 공직자로서의 사심 없는 일처리를 지켜보면서 대한민국에 이런 공직자가 많으면 얼마나 기업하기가 좋을까 하는 생각을 갖게 됐다.

당시 수정만의 공업단지는 현재의 조선단지를 포함해 주변지역을 아우르는 보다 규모가 큰 공단으로 개발하려는 구상을 갖고 출발했다. 그래서 경제성과 효율성을 확보해 마산 경제에도 기여할 수 있다는 전 부시장의 견해에 기업을 하는 나도 전적으로 공감했고, 우리는 힘을 합쳐 적극적으로 추진했다.

처음에는 지역주민들의 반대도 별로 없었는데 그 뒤에 마무리 과정에서 많은 문제를 낳았고, 지금도 많은 앙금이 쌓여 있다. 이 문제는 앞으로도 풀어야 할 숙제로 남아 있는 셈이다. 말 많고 탈 많은 STX 문제도 그의 일에 대한 열정, 대화와 타협을 위한 협상능력을 보면 벌써 해결되었을 것이라고 나는 확신한다.

◉ 박명환 (주)로봇밸리 대표이사

전수식 부시장과의 인연은 그가 경남도 경제통상국장으로 있을 때 마산밸리 내에 로봇밸리를 만들면서 시작되었다. 당시 자동화 관련 14개 업체로 출발해서 오늘날 경남도내에서는 로봇 관련 업체로서는 선두주자가 된 것이 바로 그의 앞을 내다보는 혜안이 있었기에 가능한 일이었다.그 뒤 마산부시장 재직 때 경남거점로봇센터를 중리공단 내 마산밸리 인근에 유치해서 시너지 효과를 거둘 수 있게 했으며, 오늘날 마산이 로봇랜드를 유치하는데 초석을 놓은 사람이라고 나는 생각한다.

전 부시장의 일에 대한 열정은 마산밸리 조성 초기에 로봇 관련 선진기술 습득을 위해 삼성전자 메카트로닉센터팀을 유치해 3년간 마산밸리에 주재시킨 사건을 들 수 있다.

그는 이 팀의 유치를 위해 세 번이나 삼성전자 수원사업장을 찾아가 설득하였으며, 삼성전자 측의 김성권 부사장도 그 성의에 감동해 팀을 만들어 파견했으며, 그 인연을 지금도 이어가고 있다.

한마디로 전 부시장은 목표한 일은 반드시 밀어붙여 결과를 만들어내는 사람으로 나는 기억한다.

◉ **백진현** 마산시립교향악단 상임지휘자

2005년이었던가? 우리 마산시립교향악단에도 큰 시련이 있었다. 당시 2년마다 치르는 오디션에서 9명의 단원이 탈락하면서 노조와 시 당국 간에 많은 마찰이 일어났다. 노조에서는 시청 앞에 천막을 치고 4개월이나 농성을 하면서 원상회복을 요구하였다. 이런 노조원들의 농성으로 교향악단은 정상적인 음악활동을 할 수 없었으며, 시의 입장도 강경했다. 당시 교향악 단장이었던 전수식 부시장이 사실상 강경 입장을 주도했고, 노조원들은 그를 눈엣가시로 보고 있었다.

전 부시장은 원칙에서는 한 발도 물러서지 않았으나 추운 겨울에 고생하는 노조원들의 천막을 찾아 위로하면서 통음을 하면서 진지하게 토론을 하기도 했다. 결국 노조원들은 천막을 걷고 본래의 자리로 돌아갔으며, 다음 해 단원들의 수당을 25%정도 파격적으로 인상해 주었다. 지금도 교향악단원들은 그를 원칙론자이지만 인정도 많은 사람으로 기억하고 있다

◉ **김한종** 마산 진동 거주, 쓰레기소각장 건립반대대책위 부위원장

나와 전수식 부시장과의 인연은 악연에서 시작되었다. 2004년 마산부시장으로 부임하던 당시, 마산은 진동면 인곡리에 쓰레기소각장을 건립하는 문제로 3년을 끌면서 엄청난 대립과 갈등을 빚고 있는 중이었다.

맨 처음 만남에서도 싸움으로 시작해서 싸움으로 끝났고, 그 후 2년여를 다투고 부딪치면서 결국에는 건립문제를 해결한 진정한 협상가가 전 부시장이다. 아무리 어려움에 부딪쳐도 상대의 입장을 이해해 주고, 주장을 들어주며 인내심을 가지고 설득해가는 그에게서 우리는 참 공직자상을 보았으며 그를 전적으로 신뢰하게 되었다.

서로 신뢰가 쌓여 결국 그 어렵던 쓰레기소각장 건립문제가 해결되었으며, 얼마 전에 마산시 자원회수시설이라는 이름으로 준공식도 치렀다. 지금도 우리 지역에서는 각종 모임이나 행사에서 전수식이라는 이름을 자주 거론하고 있다.

◉ 조영파 전 마산부시장

전수식 부시장과는 내가 마산시에 근무할 때 인연을 맺었다. 공직의 길에서 경남도지사 비서실장은 내가 후임자이고, 마산부시장은 또 내가 선임자여서 여러 면에서 많은 관계를 맺은 사이이다. 젊으면서도 항상 예의 바르고, 위아래로 두루 신뢰를 받는 그런 공직자였던 걸로 기억한다.

한때 마산시장 출마문제로 나와는 서로 경쟁하기도 했지만, 지금도 서로의 진로문제를 의논하고 상의할 정도로 정말 내가 좋아하는 사람이다.

개방된 마인드, 넓은 포용력, 전문가에 가까운 경제지식 등은 가끔 지방신문에 싣는 그의 글에서도 나타난다. 그는 진정으로 마산을 알고,

또 마산을 걱정하면서 현실적인 대안도 내놓는 알맹이 있는 사람이다.

◉ 김웅렬 전 경남도 기획관리실장, 남해전문대학장

전수식 부시장은 항상 한결같은 사람이다. 자신이 유리하다고 과신하거나 뽐내지 아니하고, 불리하다고 뒤에 숨어 바람이 자기를 기다리는 사람이 아니다. 오히려 거친 파도와 태풍에 자신을 내던지며 주변의 외풍을 막아 주는 그런 사람이다.

공직생활에서도 칭찬은 부하직원들에게 돌리고 꾸중은 자신의 책임으로 돌리면서 말없이 감내하는 사람이다. 이런 그의 성품 때문에 그의 주변에는 항상 따르는 사람이 많고 특히 부하직원들이 좋아한다.

경남도의 선임국장인 자치행정국장을 하면서 공무원노조가 도청을 점거하자 경찰을 동원해 해산시키고는, 내 식구를 경찰을 동원해 끌어낸 자신이 죄인이라며 좌천을 자청해 공무원교육원장으로 스스로 물러난 사람이 바로 전수식 부시장이다.

지금도 공무원노조 간부들, 그리고 진보적인 성향의 사람들은 지향하는 관점이나 정치적인 노선은 달리해도 서로 자주 찾고 어울리는 것을 보면 그의 사람됨과 인품을 알 수 있다.

◉ 이철승 경남외국인노동자 상담소장

전수식 부시장과는 그가 도청 경제통상국장일 때, 외국인 근로자들의 인권보장을 위해 열악한 조건에서 일하면서 업무적으로 만났다. 그 후 공직을 그만두고는 우리 외국인노동자 상담소의 이사로 참여하면서 많은 조언과 역할을 해 주고 계신다.

이제 우리나라도 외국인 100만 시대를 맞고 있는데, 10여 년 전만 해도, 외국인 근로자에 대한 인식이 좋지 않았고, 그로 인한 많은 문제들이 노출되었다.

당시 전 부시장은 우리나라가 어려울 때 외국에 많은 근로자를 파견하여 달러를 벌어들였고 그것이 촉매제가 되어 지금 이만큼 잘 살게 되었다고 말하는 사람이다.

그래서 지금 우리나라에 진출한 외국인 근로자도 소중한 그 나라의 국민이고 자산이므로 이들에 대한 예우를 잘하는 것이 국익 차원에서 아주 중요한 일이라고 하면서, 아낌없는 지원을 해 준 분이다. 외국인 근로자들이 친한 인사가 되고 한국에 대해 좋은 이미지를 가지고 귀국하면, 나중에 외교나 무역분야에서 동반자가 되고 상호 협력관계를 확보하는 큰 성과를 거두게 된다는 것이다. 멀리 앞을 내다보면서 정책을 만들고 실행하는 사람이 바로 전수식 부시장이다.

지금도 상담소의 각종 현안이나 프로젝트가 있으면 항상 전 부시장과 의논을 하는 편인데, 그의 주장이나 논리는 거침이 없고 정확하다. 도저히 군더더기는 찾아볼 수가 없다. 이런 점은 그의 평소 생활태도와 신념에서 나오는 자연스런 모습이라고 나는 생각한다.

전수식의 마산사랑 이야기

1쇄 찍은날 2010년 1월 23일

지은이 전 수 식
펴낸이 오 하 룡
펴낸곳 도서출판 경남

주소 631-430 마산시 서성동 66-18
전화 (055)245-8818~9
홈페이지 http://www.gnbook.com
전자메일 gnbook@empal.com
출판등록 제2호(1985. 5. 6)

ISBN 978-89-7675-595-7-03810
〔값 10,000원〕